다시 설레는 중입니다

다시 설레는 중입니다

초판 1쇄 인쇄일 2025년 6월 16일
초판 1쇄 발행일 2025년 6월 25일

지은이 정주영
펴낸이 양옥매
디자인 표지혜 송다희
마케팅 송용호
교 정 조준경

펴낸곳 도서출판 책과나무
출판등록 제2012-000376
주소 서울특별시 마포구 방울내로 79 이노빌딩 302호
대표전화 02.372.1537 **팩스** 02.372.1538
이메일 booknamu2007@naver.com
홈페이지 www.booknamu.com
ISBN 979-11-6752-646-5 (03800)

* 저작권법에 의해 보호를 받는 저작물이므로 저자와 출판사의 동의 없이
  내용의 일부를 인용하거나 발췌하는 것을 금합니다.
* 파손된 책은 구입처에서 교환해 드립니다.

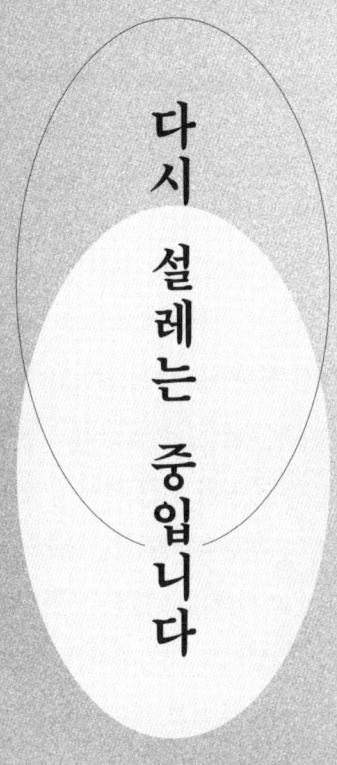

다시
설레는 중입니다

정주영 지음

책나무

추천의 글

윤효진 경기대학교 스마트시티공학부 교수, 경기대학교 도시융합연구소장

『다시 설레는 중입니다』

가슴에 아직까지 설렘을 안고 사는 내가 지금까지 살아오면서 항상 생각하는 단어들이 있다.

상상, 공상, 망상 그리고 열정과 욕망이다.

지금까지의 인생 역시 그렇게 열심히 살아왔다. 목표를 설정하고, 희망을 가지고, 꿈꾸고, 도전하는… 남들에게 뒤지지 않으려고 나름대로 열심히 살아왔다.

그러면서도 60세까지만 열심히 살아야겠다는 생각도 있었다.

우리들의 부모 세대를 보면서 60세가 넘으면 꿈과 열정이 없어질 것으로 생각하였던 듯하다.

그런데 내 나이 60이 넘은 지금도 꿈꾸고 있고, 설렘과 열정으로 잠을 설칠 때가 있다.

또한 가끔 혼자 생각하곤 한다. 주로 그건 '내가 지금까지 잘 살았나?' 하는 나에 대한 질문이다.

중년을 넘어 남들이 이야기하는 노년에 한 발을 디딘 나에게 이 책은 많은 생각을 하게 했으며, 저자의 다양한 도전과 삶의

경험을 보면서 이제는 자신 있게 말할 수 있을 것 같다.

나 자신도 지금까지 잘 살았고 지금부터도 더 열심히 살아야겠다는 것이다.

중년과 노년의 인생을 고민하는 많은 분들에게 이 책을 적극 추천하고 싶다.

중년과 노년들이여, 꿈과 희망을 가져라! 도전하라! 그리고 자신을 위해서 열심히 살아라!

―

이상민 이상민책쓰기연구소 대표, 작가

한국에서 중년쯤 살아왔다는 것은 산전수전 공중전을 모두 겪었다는 것을 말합니다. 그가 누구든 중년이 되면 사연이 없는 사람이 없기 때문입니다. 특히 한국에서 사는 일은 팍팍한 면이 많습니다. 경쟁 사회이고, 목표를 성취해야 하며, 남의 눈을 의식하는 사회이기 때문입니다.

중년이 된 분들이 하는 말이 있습니다.

"나는 잘 살아왔다고 생각했어. 그런데 앞으로 내가 이렇게 계속 산다면 인생이 참 아깝다는 생각이 들어. 하지만 무엇을 해야 할지 모르겠어."

"나는 쉴 틈 없이 살았어. 시부모를 모셨고 아이들을 키워냈어. 남편의 사업도 돌보았어. 그러다 뒤돌아보니 늙어버린 중년이 되었어. 설거지하다가 손을 보니, 어느 날 거울에 비친 내 몸을 보니 내가 갑자기 불쌍해졌어. 일만 하며 살았는데 나를 위해 해준 게 없는 것 같아."

"그동안 목표만 보고 살았는데 이제 너무 애쓰지 말고 살아야겠다. 목표나 돈이 아니라, 사실 내가 매일 웃고 밥 먹고 이야기하는 행위들이 기적인데 말이야."

"젊은 시절 여행을 참 좋아했는데 배우자를 돌보고, 애 키우느라 고생하다 중년이 되었어. 그런데 이젠 몸도 아파. 정말 억울해. 내 인생 누가 보상해 주나? 신에게 묻고 싶어."

그가 어떤 삶을 살아왔다고 해도 중년쯤 되면 인생에 많은 주름과 눈물이 있습니다. 그렇기에 자기 위로를 해야 합니다. 이제는 자기를 위한 삶을 살아야 합니다.

정주영 선생님은 상담학 박사로 그동안 많은 이들을 위로하는 삶을 살아왔습니다. 이번 책은 특히 중년들에게 그동안의 삶을 위로하고, 앞으로의 삶의 방향을 이야기하고 있습니다. 중년이 된 후에도 삶은 길게 이어집니다. 그동안 고생한 당신, 이제는 자신을 위해 살아야 할 때입니다. 이번 책으로 큰 위로를 받길, 그리고 새로운 방향을 찾을 수 있길 소망합니다.

- 제주 중문에서

프롤로그
우리는 샌드위치 세대

중년(中年)이랍니다. 우리를 가리키는 말이지요. 아무도 40대나 50대를 청년이라 부르지 않습니다. 그렇다고 노인이라고도 하지 않습니다. 청년도 노년도 아닌 그들 사이에 어중간하게 끼어있어서 중년입니다. 우리는 나이 들지 않는 마음과 하루하루 달라져 가는 몸 사이에서 흔들흔들, 줄을 타는 중입니다.

우리는 중년(重年)이기도 합니다. 청년기에 있는 자녀들을 아직도 보살펴야 하고 연로하고 병약해지신 부모를 봉양해야 합니다. 그 책임감에 어깨가 눌리고 허리가 휩니다. 그래서 무거운 나이, 중년(重年)입니다. 심리적, 육체적, 경제적 부담감을 저울로 달자면 아마 몸무게의 3배쯤 될 겁니다(이렇게 수치로 이야기해 보니 무게감이 피부에 와 닿네요. 저만 그런 건 아니지요?).

"우리는 부모 봉양 마지막 세대이자
자식에게 부양 못 받는 첫 세대"

중년들은 삼삼오오 모이면 자조 섞인 말을 하며 씁쓸해합니다. 비유하자면, 부모와 자녀 사이에 끼여 노력 봉사만 하는 안타까운 샌드위치입니다. 이제는 일을 쉬고 해보지 못했던 일들이나, 하고 싶었던 것들을 찾아 나서고 싶지만 그러면 안 됩니다. 아직 은퇴해서도 안 되고, 쉬어서도 안 되며, 멈춰 있어도 안 됩니다. 우리 힘이 필요한 곳이 있기에 아프지도 말아야 하지요. 이렇게 굳게 다짐하며 잠자리에 들었다가 다음 날 아침에 일어나면 온몸이 뻐근합니다. 중년의 육체는 건강의 유한함을 예고하고 있습니다.

중년들이 하는 착각 중 하나가 본인에게 죽음은 아직 먼 시기의 일이라 여기는 것이랍니다. 물론 육체적으로 건강하고 사회적으로도 왕성히 활동하는 이들에겐 죽음을 대비하는 일이 멀리 느껴질 수 있지요. 노후를 준비하는 일에는 본인의 죽음까지 포함됩니다. 자신에게 닥칠 일이 아니라고 생각하는 순간 암울한 노후와 죽음은 도둑처럼 쳐들어옵니다. 그렇다면 어떻게 살아야 할까요.

우리 안에서는 두 가지 소리가 들립니다. '내가 먼저다'와 '나는 조금 더 있다가' 이 두 생각이 늘 왔다 갔다 해서 어지럽습니다. 맞고 틀린 것은 없습니다. 선택일 뿐이지요. 용기가 필요하고 후회하지 않아야 합니다. 과연 나를 먼저 생각하고 살면 편안할까요? 아니면 나를 제외한 다른 가족들을 우선 챙겨야 좋을까요. 헷갈리고 우왕좌왕할 것 같은 당신에게 말하고 싶습니다.

내가 없으면 모든 것은 없다고요. 이기적이라고요? 중년까지 살아왔는데 이기적이면 안 되는 건가요? 내가 나를 지켜야 내 옆의 사람들을 지킬 수 있습니다. 실은 저 역시 이기적으로 살고자 마음먹은 지 얼마 되지 않았습니다. 쉽지 않아서 시간이 오래 걸렸지요. 그런데요. 생각보다 좋습니다. 마음이 이제야 좀 숨을 쉽니다.

이 책은 동시대를 살아가는 중년의 친구들, 부모 돌봄으로 지지가 필요한 '영 케어러'들과 자식 걱정으로 지친 노년의 독자들을 위해 드리는 담백한 고백이자 소박한 힐링 선물입니다. 지금까지 그 누구에게도 말하지 않고 삭였던 괴로움이나 슬픔이, 혼자만 겪는 일은 아니라면서 등을 쓸어주는 위로입니다.
그리고 나만을 위해 사는 일이 너무나 힘든 당신을, 이런저런 관계 속에서 소진되었을 당신을, 의무를 다해 살아내느라 정작 본인은 챙기지 못한 당신을 토닥이는 저의 뜨거운 마음입니다.

독자들께 '따뜻한 책'이 되었으면 좋겠습니다. 삶을 지탱시켜주는 건 결국엔 다정함이더군요.
공감과 위로만이 물기 없는 세상 속에서 살아갈 힘을 줍니다.
제 마음이 여러분의 마음에 가닿을 수 있기를 바랍니다.

2025년 6월
세상의 모든 꽃들이 눈부시게 보이는 이 땅의 중년들에게

김주영

소담스럽게 눈이 오던 날,

무지개다리를 건넌 복이를 기리며

차례

추천의 글　4
프롤로그　7

1부   다시 나로 살자

1   나를 위로할 시간

번아웃과 슈필라움   20
미술작품이 건네 오는 질문에 답을 하며   26
흰머리는 어른의 상징   32
내 안의 그림자를 받아들이는 일   37
다시… 시작해도 될까?   45
고맙고 또 고맙다   53
내면의 아이를 지켜라!   60

2   이제, 접시를 깨자

살고 싶은 대로 살자고 마음먹었더니   68
지금 당장 '홀로 여행'을 떠나라   76
50대 여자의 하이힐 신기   84
버림의 미덕, 비움의 지혜   91
내 살던 곳에 두고 온 마음 하나가 어느새   98
따릉이를 만나러 가는 날, 라일락이 날렸다   105
자기만의 공간이 필요한 이유   113

2부　7년, 엄마의 엄마가 된 시간

3 부양과 돌봄의 수레바퀴

무너지는 엄마를 보는 게 견디기 힘들었다　124
가끔은 엄마에게 전화나 한 통 넣어보고 싶다　132
부모를 돌보다 자기 돌봄은 뒷전　139
엄마에게 달려가 자랑하던 날　147
혹시 엄마가 온 게 아닐까 하는　154

4 건강이 무너지면 세상은 끝

환갑 전엔 보디 프로필을 기필코!　164
친구야, 아무 말 없이 먼저 가지는 말자　172
완경이 내게 준 선물　180
갱년기의 화 다스리기　187
나, 달리기 시작했다　195
괜찮다. 그래, 다 괜찮다　199

3부 함께, 또 홀로 서는 법

5 남편, 내 편이 되어가다

남편과 30년을 살고 보니 206
결혼 방학? 졸혼만큼 신선한걸! 214
남자들의 갱년기 222

6 부모 역할은 여기까지야

서로의 아픈 닮은꼴, 엄마와 딸 232
헛헛한 가슴, 빈둥지증후군 240
자식에게 투자는 그만 248

7 친구, 나의 비빌 언덕

내 슬픔을 함께 등에 지고 가는 사람 258
하나둘씩 세상을 떠나 266
세상에서 가장 배부른 위로 274

에필로그 281

1부

다시 나로 살자

1 나를 위로할 시간

번아웃과 슈필라움

하루를 버티는 게 힘들었다. 학교 강의도 시들해졌고 인간관계도 푸석거리고 무엇보다 내 안에 에너지가 바닥나 버렸다. 번아웃(burnout)이 왔다. 이대로 있다가는 한동안 아무것도 하지 못할 것 같아서 일본으로(하필 일본인지는 후에 설명하겠다) 떠났다.

처음에는 가족과 친구들의 반대도 많았다. 그 나이에 뭣 하러 가느냐, 일본어는 잘하느냐, 혼자 가서 외롭지 않겠느냐 등등 나보다 더 나를 걱정하는 이들의 마음도 이해 못 하는 바는 아니었다. 원래 말리면 더하고 싶은 거다. 간절하게 떠나고 싶었다. 이 나이라서, 일본어가 능숙하지 않아도, 외롭지만 혼자 당당히 떠나고 싶었다.

한 번도 혼자 해외를 나가본 적 없던 나는 일생일대 대 모험을 하기로, 결정했다. 혼자! 일본으로 가기로 마음먹고 준비에 돌입했다. 떠나려면 먼저, 갖추어야 할 자격이 필요했다. 친한 교수님의 도움을 받아 일본 R 대학의 연구원 자격을 얻었다. 마음 하나 먹었더니 상황은 순식간에 바뀌었다. 바야흐로 중년 여자의 변화가 시작됐다. 약 5개월에 걸쳐 타국에서 지낼 준비를 하고 오사카행 비행기에 올랐다. 마치 한동안은 돌아오지 않을 사람처럼 모두에게 안녕을 고하고 바다를 건넜다.

일본 열도(列島)는 한여름에 열도(熱島)가 된다. 8월의 오사카는 습식 사우나실이다. 간사이(關西) 공항에 내리는 순간부터 숨이 턱 막히는 열기가 머리에서부터 발끝까지 쏟아져 내렸다. 시작부터 만만치 않은 생활이 될 조짐이 땀과 함께 등으로 흘렀다. 돌아가고 싶었다. 괜히 온 것은 아닌지 후회가 덮쳤다. 눈을 질끈 감았다. 어떻게든 되겠지, 크게 한숨 한번 내쉬고 공항을 빠져나갔다.

집은 따로 구하지 않고 학교 기숙사에서 생활하기로 했다(두고두고 후회하는 부분이다). 공항에서 하루카(HARUKA) 특급열차[1]를 타고, 전철을 갈아타는 긴 여정 끝에 R 대학의 기숙사에 도착했다. 기숙사 안 연구원용 방 앞에 영문으로 된 내 이름이 붙어 있었다. 이름을 본 순간 내가 타국에 와 있음을 실감했다. 한글로 된 이름만 보다가 영문으로 된 내 이름을 보니 다른 사람

---

[1] 간사이(關西) 공항에서 오사카, 교토 지역까지 빠르게 갈 수 있는 특급열차, 헬로키티의 그림이 열차 전체에 그려져 있어서 이 열차를 타는 이들은 인증 사진을 많이 찍는다.

의 이름 같았다. 그곳에서 나는 이방인이었다.

일본의 대학은 대부분 9월까지 방학이다. R 대학 역시 방학이라 캠퍼스는 조용했다. 바람에 실려 가는 구름처럼 하루라는 시간이 천천히 흘렀다. 학생들이 간간이 보이는 캠퍼스 운동장을 걸어보기도 하고 벤치에 앉아 하릴없이 바람 냄새도 맡았다. 한국에 있을 때는 이렇게 시간을 보내는 건 상상조차 할 수 없었다. 시간은 쪼개서 쓰라고 있는 것처럼 분과 분 사이, 초와 초 사이를 종종걸음 쳤다. 커다란 종합선물세트 같은 시간이 허락되니 무엇부터 해야 할지 당황했다.

며칠은 멍하게 시간을 보냈다. 급한 연구 프로젝트가 있는 것도 아니고 관광 온 것은 더욱 아닌지라 처음에는 막막했다. '빨리빨리'의 삶을 오십여 년간 살아온 탓에 여유를 누리는 게 쉽지 않았다. 뭔가 잘못하고 있는 것 같았다. 왠지 모를 불안이 엄습해 오려는 찰나, 동굴에서 들리는 것 같은 소리 하나가 머리를 울렸다. 이젠 지친 나를 돌봐야 한다는 깊은 마음의 소리. 참 많은 사람 속에서 부대끼며 살아온 시간이었다. 비로소 오롯이 혼자가 됐다. 지금이야말로 관계 클리닝을 할 때다. 한국말이 쉽게 소통되지 않는 외국에서 철저하게 혼자임은 내 안의 나와 마주하고 이야기할 수 있는 절호의 기회다.

시간을 누리자 그에 마땅한 공간이 필요했다. 아무에게도 방해받지 않고 울어도 되고 웃어도 좋은 곳. 그 첫 장소는 바로 작디작은 기숙사 '내 방'이었다. 방문을 닫고 안에 있으면 아무도 내가 있는지 없는지 모른다. 스스로가 열지 않으면 열리지 않는 곳에서 나를 조용히 고립시켰다.

쉼이 없는 사회에서 나는 너무 오래 살았다. 문화심리학자 김정운은 자기 자신의 실존은 '공간'으로 확인된다고 했다.[2] 그는 '슈필라움(Spielraum)'이라는 단어에 대해 '인간으로서 내 마음대로 할 수 있는 자율의 공간'이라 말했다. 이 슈필라움이 부재할 때는 퇴행하거나 죽음에까지 이를 수도 있단다. 일본으로 가기 전 기숙사 방보다 훨씬 넓은 집에 살고 있었다(내 한 몸 누이면 딱 맞는 일본 기숙사 방보다야 몇 배는 넓다). 그래도 그 안에서는 위로받지 못했다. 내 집이지만 자율적 공간과는 거리가 멀었다. 집은 삶의 현장이고 살아 있는 치열한 흔적의 공간이기도 하다. 쉼의 공간보다는 일터에 가깝다. 집은 매일을 살아내야 하는 노동이 있고, 원활한 사회활동을 해내기 위한 준비 공간이기도 하다. 위로와 쉼은 어쩌면 사치였다.

방안에서 뱅그르르 돌기라도 하면 여기저기 부딪힐 수 있는 작

---

[2] 김정운 저, 『바닷가 작업실에서는 전혀 다른 시간이 흐른다』(2019).

디작은 기숙사 방에서 나는 살아왔던 지난 시간을 소환했다. 그 시간 안에 함께 호흡했던 사람들을 떠올렸다. 내가 진정 '나'로 살지 못했던 상황들을 기억했다. 불안하기도 했고 서글프기도 했다. 때때로 웃음이 나는 장면들과 그 순간을 만들어준 이들도 추억해 냈다. 종종 마음 안에서 일렁이던 감정의 조각들이 파열음을 내면서 서로 부딪혔다. 그럴 때마다 뱃속에서부터 눈물이 차올랐다. 소리 내어 울다 보면 이내 허기졌다. 아기처럼 먹고 잠들었다. 그렇게 며칠을 보냈다.

한국에 두고(?) 온 가족들과 친구들이 생각날 때면 여전히 바쁜 시간을 살고 있을 그들에게 슬쩍 미안해지기도 했다. 그러다 이내 마음 고쳐먹었다. 이곳에 온 이상 오직 나만 생각하자는 어쩌면 당연한 생각이 들어섰다. 일본으로 떠나올 당시만 해도 나는 그야말로 소진 상태였다. 아무것도 할 수 없는, 극도의 무기력 때문에 땅으로 꺼지기 일보 직전이었다. 숨을 쉴 수 없었다.

한국 밖에서 그동안의 삶을 들여다보니 나는 너무 '있는 척', '가진 척', '아는 척'을 해 왔다. 이렇게 계속 살다가는 껍데기 인생이 되지 싶었다. 그 '~척 병(마음의 빈곤 상태를 드러내지 않으려고 자신에게 최면을 걸다가 실제로 그런 것처럼 느낄 수 있다. 마음의 병이다)' 때문에 안간힘을 쓰고 살았다. 무시 받지 않으려고 애를 썼다. 모두가 나를 알아주길 바랐다. 온통 밖으로 에너지를 쏟아붓다가 마음의 곳간이 탈탈 털렸다. 내 안에 아무엇도 남지 않았다.

  일본까지 와서 방 안에만 처박혀 있다니. 누군가는 내게 시간과 돈이 아깝다고 했을 거다. 더 많이 보고 듣고 공부해야지, 거기까지 가서 고작 한다는 게 '고립'이냐고 혀를 찼을지도 모른다. 괜찮다. 다 나와 같은 생각을 할 필요는 없으니까. 내겐 '절대 고독'이 절실히 필요했다. 아무도 모르게 누렸던 시간과 공간은 내게 '성찰의 인큐베이터'가 되어주었다. 그 안에서 철저히 혼자가 된 내게 마음속 저 안에 있던 '나'가 물어왔다.

    "너는 좋아하는 게 뭐니?"

밖에서는 열 수 없는 방문을 열고 밖으로 나갔다. 찾아봐야겠다.

미술작품이 건네 오는
질문에 답을 하며

무엇부터 해야 할지 난감했다. 마음의 질문에 답하기 위해 씩씩하게 밖으로 나왔지만 나는 무엇을 좋아하는지 모른다. 오십여 년이 넘도록 어떤 것을 가장 좋아하며 누리고 싶은지도 모르고 살았다. 부모가 시키는 대로 교육과정을 밟았고, 때가 돼서 결혼했으며 한국 사회에서 적당히 살아가려면 갖추어야 할 자격이 있다고 해서 그걸 취득했다. 돌아보니 가슴 뛴 적이 없다. 물론, 몇 번은 있겠지만 기억이 나질 않는다. 뜨거워 본 적이 없다.

혼자 여행 다닌 경험이 없어 실은 어떻게 다녀야 할지 몰랐다. 맛집 투어도 명소 탐방도 그다지 끌리지 않았다. 관광 온 게 아니라서 여행객처럼 시간을 보내는 건 더더욱 내키지 않았다. 그러다 전철 역에서 우연히 미술작품 전시 광고를 보게 됐다. 한국에 있을 때는 미술관이나 박물관을 가지 않는 핑계가 있었다. 시간이 없다는, 누구나 들으면 끄덕일 수 있는 적절한 핑계 말이다. 일본에 온 내게 남아도는 건 정말 '시간'밖에 없었다. 차고 넘치는 시간을 쓰기엔 미술관이 가장 나을 듯했다. 이 나라 사람들은 어떤 예술 작품을 보며 살고 있는지 구경이나 한번 해보자는 심산으로 미술관을 가보기로 했다.

> 사람의 운명은 큰 사건으로 인해 달라지기도 하지만 아주 작은 이벤트로도 바뀔 수 있다. 미술관으로 숨어들 듯 찾아간 일은 내 인생에 다시 없을 변화의 마중물이었다.

마음이 달떴다. 일본에서 미술관을 갈 거라곤 상상도 안 했다. 미술관이 주는 낯섦에 애써 익숙한 척 굴었다. 이 정도면 자연스럽겠지? 실은 아무도 내게 관심이 없었다. 나만 혼자 남의 시선을 마음에 두고 있었다. 지금까지의 삶도 이랬을 거다.

작품이 전시된 전시실은 특유의 냄새가 난다. 작품들이 내뿜는 화가의 영혼 냄새라고 해두자(실은 물감, 안료 냄새이지만 예술 작품을 너무 현실적으로 말하고 싶진 않다). 작품 속을 그냥 걸었다. 화사한 색감이 있는 작품 앞에선 '예쁘구나' 감탄했다. 뭔가 특별한 이야기를 하는 것 같은 작품은 도대체 어떻게 봐야 하나 이해할 수 없었지만, 그냥 바라봤다. 좋은 것은 좋은 대로, 이해하지 못하는 것은 그대로 내버려두었다. 애쓰지 않고 자유로운 내가 좋았다.

미술관 안에서 나는, 판단하지 않는 나를 조용히 발견했다. 지금껏 사람을 만나거나 어떤 일을 하게 됐을 때 가장 먼저 하는 일은 '판단'이었다. 좋은가, 나쁜가부터 시작해서 내게 어떤 이익을 줄 것인가, 말 것인가 매사에 팽팽하게 쟀다. 머리는 항상 복잡하고 마음은 매번 시끄러웠다. 괴로움은 원 플러스 원 물건 마냥 따라붙었다. 그런데 그러지 않았다.

오히려, 떨렸다. 물감 냄새를 맡으면 그 시절이 떠오르기 때문이다. 기억이라 쓰고 트라우마라 말할 수 있는 시간이었다. 그때, 우리, 민주화를 위해 투쟁했다. 모두가 아프고 또 서러운 세상이었다. 창문으로 최루탄 냄새가 기어 들어왔지만 나와 동기들은 눈부시게 아름다운 디자인을 공부해야 했다. 난 그게 참을 수 없이 싫었다. 세상은 처절하게 피눈물을 흘리는데 나만 머리에 꽃을 달고 깔깔대는 모습 같아 용서할 수 없이 싫었다. 죄책감 같은 자기혐오였다. 대학을 가까스로 졸업한 뒤 30여 년 동안 돌아보지 않았다. 그림 따위는 잊고 살았다.

세상은 시간을 기억하는 속도보다 빠르게 자랐다. 희생과 눈물 속에 민주화라는 값진 성과를 얻었고 우리의 역사도 한 단계 성장했다. 그때, 시리도록 젊었던 우리는 기성세대가 되어버렸다. 각자의 어깨에 매달린 삶을 이고 지며 하루를 살아냈다. 지극히 현실적인 생활인으로 매일매일 견뎠다. 그리고 중년이 됐다.

그런데 도망치듯 날아온 일본에서 다시 만났다. 물감의 비릿한 기름 냄새, 몇 번이나 칠했을 붓 자국, 그 안에 숨어있는 화가의 이야기가 은둔한 미술관에서 영영 가버린 줄 알았던 그 시절을 꿈처럼 만났다.

젊은 내가 옆에 와 앉았다. 중년이 된 내가 먼저 말을 걸었다.

"힘들었지…."

중년의 나에게 쓰러질 듯 안겨 젊은 내가 서럽게 울었다.

괜찮다. 모든 게 다 괜찮다. 머리를 쓰다듬었다.

일본에 있으면서 상설 전시, 특별전 가릴 것 없이 돌아다니며 미술작품을 느꼈다. 1년에 가장 좋은 계절 가을에 한 번만 열린다는 야외 특별전시도 찾아다녔다. 사는 지역에서 가까운 전시장은 물론 하루를 온통 써야 하는 곳까지 찾아다니며 시끄럽고, 정리되지 않은 마음을 제자리에 두고 쓰다듬었다. 미술작품들이 내게 건네 오는 질문에 답을 하며 천천히 힘을 얻기 시작했다. 완전하지는 않지만 조금씩 회복했다. 그때의 나는, 미술관에서 도(道)를 찾는 수행자였다.

고베(神戸)에서 만났던 설치 미술 작품이다.

마치 구도(求道)를 향한 통로 같다.

미술관을 다니며 보았던 작품들을 사진 찍어 SNS에 올리는 날엔 나이 중년 친구들은 팔자 좋다며 부러워했다. 반복하지 않으면 안 되는 매일의 일상에서 산뜻하게 벗어나 마치 유랑 생활을 하는 것같이 보이니 그럴 만도 했다. 치유의 길을 걷고 있노라 말을 하자니 우리 사이에 놓인 구구한 설명 과정이 누락 되어 있었다. 그래서 그냥 웃었다.

미술관을 걸으며 나는 더욱 이방인이 되었다. 무인도에 떨어진 오직 한 사람처럼 그렇게 철저한 고독에 몰입했다. 내 삶에 진지해지기 시작했다. 무엇이 맞고 틀리는지 분명해졌다.

나는 친절한 사람으로 살기로 했다. 가장 먼저 내게.

흰머리는
어른의 상징

어른들이 그랬다. 옛말 그른 거 하나 없다고. 나이 먹으니 알겠다. 인생 경험에서 나온 말들은 틀린 게 별로 없다. 살수록 옛말이 점점 더 맞아떨어지는 것 같아 더 겁난다. 가끔은 시인들의 시를 보고도 깜짝 놀란다. 마치 지금의 나를 이야기한 것만 같다.

"그립고 아쉬움에 가슴 조이던 머언 먼 젊음의 뒤안길에서
인제는 돌아와 거울 앞에 선 내 누님같이 생긴 꽃이여"

시인 서정주의 '국화 옆에서'라는 시 중 일부다. 학창 시절 국어책에서 처음 접했다. 그때는 '그립고 아쉬움에 가슴 조이던 / 머언 먼 젊음의 뒤안길'이 무슨 의미인지 몰랐다. 더군다나 '인제는 돌아와 거울 앞에 선 내 누님같이 생긴 꽃'이라니… 도대체 국화의 어느 면을 보고 시인은 저리 묘사한 걸까. 시는 알다가도

모르겠다. 유명한 시인의 시니까 무조건 외웠다. 가슴에 닿지 못한 시는 시험문제 중 하나일 뿐이었다.

　이 시가 절절하게 와 닿는 건, 그렇다, 중년이 된 지금이다. 그립고 아쉬움에 가슴 졸였던 시간을 살았다. 젊었던 그때, 우리는. 일생에 다시 없을 사랑 때문에 밤을 밝혔고 이루고자 마음먹은 미래를 위해 순간을 영원처럼 살았다. 언제까지나 머무를 줄 알았는데 청춘은 저 혼자 나이를 먹었다. 거울 앞에 앉을 때면 주름이 먼저 마중 나온다. 웃자니 서글프고 울자니 안쓰러워 이도 저도 하지 못하고 눈으로 거울에 비친 얼굴을 쓰다듬는다. 언제 이렇게 늙어버렸나, 한숨으로 화장을 시작한다. 국화 같은 누님은.

　집에 있는 저울이 고장 난 줄 알았다. 평상시와 다름없이 먹고 마셨다. 긴장을 놓쳤던 어느 날 몸무게 수치가 훅 뛰었다. 내려올 줄 몰랐다. 평생 다이어트를 끼고 살아도 중년의 나잇살은 이기지 못하는 건가, 나는 갑자기 우울해졌다. 이런저런 다이어트를 시도해 봤지만, 극적인 변화는 없었다. 건강만 안 좋아질 뿐. 받아들여야 할 때가 온 모양이다. 몸은 내게 중년이라 말하고 있는데, 마음은 현실을 믿기 어렵다. 아직도 혹시나 하는 마음에 꽉 끼는 원피스를 버리지 못하고 있다.

　청소년 시기에는 커가는 신체와 아동기에 머물러 있는 마음의 괴리감 때문에 질풍노도의 시간을 걷는다. 그 시간을 통과하면 성장이 기다리고 있다. 중년 시기에는 노화로 가는 몸과 청춘에 머물러 있고 싶은 마음의 부적응 때문에 태풍이 휘몰아치는 시간을 산다. 이유 없는 상황이 갑자기 나타나기도 한다. 나와 주변이 안전하기 위해서는 태풍을 달래며 살아야 한다. 중년이 되면 맞서지 않고 사는 법을 배우게 된다.

  노화는 25살부터 진행된다고 한다. 사람은 태어나서 성장하다 나이를 먹으며 늙는다는 건 진리다. 다만 늙음은 내 이야기가 아니라고 생각하는 데 문제가 있다. 노화에 대해 우리는 아주 큰 착각을 한다. 노화는 아주 서서히, 천천히 눈에 띄지 않게 진행되는 게 결코 아니다. 어느 날 갑자기 도둑처럼 찾아온다. 거울을 보면서 '아직 이 정도는 괜찮아' 스스로 위안했던 다음 날, 거울엔 백설 공주를 못살게 굴었던 마귀할멈이 나타난다(너무 과장이 심한가? 화장 지운 모습에 당당할 중년이 과연 몇이나 되려나… 남성도 예외는 아니다). 중년이 노인으로 되어 가는 노화의 계단은 젊었을 때와 달리 그 폭과 깊이가 대단히 가파르다. 완만한가 싶다가 훅 떨어진다. 노화는 예측 불가다.
  나는 한 달에 한 번 염색을 꼭 한다. 40대부터 '새치'가 늘이나더니 이제는 아무리 잘 표현해도 '흰머리'다. 정기적으로 염색을 하지 않으면 흰머리가 너무 두드러져 볼썽사납다(실은 아직 백발로 다닐 용기가 없다). 일본에 가기 전, 내겐 걱정 하나가 있었다. 바로 흰머리 염색이다. 염색은 꼭 하지 않으면, 안 되는 생활 루틴이다. 태어나 지금까지 다른 나라 미용실을 가본 적 없는 내게는 '일본 미용실 가서 염색하기'가 큰 미션이었다. '방에서 혼자 염색해도 되지 않나?' 하는 이들을 위해 잠시 설명하자면, 기숙사 방 안에서 염색했다가 염색약이 조금이라도 떨어져서 지워지지 않으면 배상해야 한다. 돌아올 때 기숙사 측에서 방 점검을 2번이나 했다. 철저하고 엄격했다.

  염색 예약할 때 이미 내가 한국인임을 미용실 직원은 눈치챘다. 이름을 쓰는 장부가 있었기 때문이다. 염색 당일은 일본에 간 후 가장 많이 긴장했던 날이다. 흰머리를 염색하고 싶다는 말은 제대로 한 걸까, 이들이 못 알아들어서 이상하게 염색되는 건 아닐까, 잘못되어버리는 수십 가지 상황을 고민했다. 기우였다. 한국과 다르지 않은 염색 과정을 신기하게 지켜보며 매장을 둘러보는 여유도 가졌다. 마음이 안정되어 내 머리를 염색해 주는 디자이너에게 어색한 일본어로 농담이랍시고 한마디 했다.

"머리가 너무 하얗죠? 마치 눈 내린 것 같이…."

  손님은 역시 왕이구나 착각할 정도로 친절한 헤어 디자이너는 예의 온화한 미소를 지으며 답해 주었다.

"흰머리는 어른의 상징입니다."

오호, 이런 비유법이라니… 위로치곤 괜찮네, 나는 속으로 감탄하며 웃어 보였다. 요즘은 젊은이들도 흰머리가 많다. 그렇기에 '흰머리는 곧 어른'이라는 일본 헤어 디자이너의 말에 전적으로 동의하기는 어렵지만 조금 위로는 됐다. 거짓인 줄 알면서도 넘어가 주고 농담인 줄 알면서도 토 달지 않고 웃을 줄 아는 중년은 '어른'이다.

나이 들어감, 노화, 늙음이라는 단어가 우리 사회에서 사용될 때 그다지 긍정적으로 쓰이지는 않는다. 나이 듦은 곧 쇠퇴를 의미하고, 기운이 예전보다 못하다는 건 이제 슬슬 물러날 때를 알아야 한다는 거다. 나이 들어가는 일도 서러운데 물러나라고? 그렇게 하기에는, 하고 싶은 일이 많다. 아직 이루고 싶은 일들이 있단 말이다.

그래! 우리. 젊지 않다. 이젠 가느다란 실반지가 어울리지 않는 손, 나도 모르게 굽고 있는 등, 곧 있으면 폭설 맞은 머리가 될 흰머리가 슬플 때도 있다. 굵은 손, 굽은 등, 하얀 머리가 될 때까지 일했고 일구어냈다. 자부심도 있고 자존심도 있다. 그 마음에 이젠 덧붙여야 할 게 있다. 나이 들어가는 우리 자신을 받아들이는 자존감을 갖추는 것, 우리 자신을 스스로가 제한하는 일은 하지 말자. 나이 든 게 뭐 어때서!

내 안의 그림자를
받아들이는 일

요즘 유행하는 MBTI로 말하자면, 나는 ENFP다. 이 검사는 30대 후반에 하고 그 이후엔 하지 않았기 때문에 아마도 중년이 된 지금은 바뀌었을 것이라 본다. 성격 면에서는 고정적이지 않은데, 그도 그럴 것이 시간과 환경에 의해 바뀌기 때문이다. 그래도 대체로 외향형에 직관형, 그리고 감정형이며 인식형이라 할 수 있다. 한마디로 활동가형이다. 아니, 활동가형이었다. 중년이 된 지금은 오히려 예전의 유형에서 반대 유형으로 가고 있는 느낌이다. 그중 가장 두드러지게 바뀌었다고 생각되는 건 외향형에서 내향형이 되어가고 있는 점이다. 예전엔 사람들과 어울리며 외부 활동을 훨씬 좋아했다. 요즘은 웬만하면 집에 있길 원한다. 외부 활동을 하고 들어오는 날엔 녹다운된다. 몸도 마음도. 젊은 시절, 외부로 온통 쏟았던 나의 에너지가 내부로 향하고 있다.

MBTI는 성격 유형 검사다. 16가지 유형으로 성격을 나눌 수 있는데 이를 개발한 사람들은 캐서린 C. 브릭스와 이사벨 B. 마이어스다.¹ 이들은 이렇게 정의했다. 성격이란, 좋고 나쁨으로 나눌 수 없고 각자의 개인차를 인정해야 하며 유형별로 그 능력을 발휘할 수 있어야 한다고 말이다. 그들의 연구 개발이 가능했던 건 칼 구스타브 융(Carl Gustav Jung, 이하 융)이라는 저명한 심리학자의 이론이 있었기 때문이다.

융(Jung)은 우리가 너무나 잘 알고 있는 성격 유형 검사에만 영향을 끼친 학자가 아니다. 중년의 마음가짐에 대해 언급했고 '중년의 위기'에 대해 지적한 학자이기도 하다. 또 우리 마음 안의 '그림자'에 대해 아주 깊이 있게 다루었던 심리학자다. 융(Jung)은 사람들이 알지 못하는 마음의 과정을 설명하고자 할 때 그 모르는 마음의 과정이 바로 그 사람들의 그림자라고 하였다.² 그러니까 그림자란 겉으로 드러난 '나'의 밝음과 반대되는 마음 안의 어둠, 열등의식이라고도 할 수 있다. 융(Jung)은 진정한 자신이 되려면 삶의 후반부로 가는 중년에는 자신의 어두운 부분, 즉 마음속 그림자를 챙기고 보듬어주어야 한다고 말했다. 그래야 진정한 정신의 통합과 마음의 건강을 가질 수 있다고 했다.

---

1   이 둘은 모녀 사이다. 칼 구스타브 융(Carl Gustav Jung)의 이론을 바탕으로 성격 유형 검사 문항을 연구 개발하였다.
2   이부영 저, 『그림자』(2001).

어린 시절의 나는 말수가 적고 눈치 보는 아이였다. 물론, 나 혼자만 그렇게 생각했다. 지금 이렇게 말하면 아무도 믿지 않는다. 의도적으로 밝게 행동했고 자주 까불었기 때문이다. 그렇게 행동했더니 사람들이 좋아해 주는 것 같아서 성격인 양 살았다. 애쓰려니 힘들었지만 하다 보니 몸에 뱄다. 나는, 나를 제외한 모두에게 '밝은' 아이가 됐다. 아주 오랫동안 '외향적이며 밝고 씩씩한' 사람으로 자리매김했다. 실은 지쳐가고 있었는데 말이다. 웃고 싶지 않을 때는 무뚝뚝하게 있고 싶고, 남의 눈치를 살피기보다 내 기분이 먼저라고 말하고 싶었다. 몸에 밴 성격은 쉽게 떨어져 나가지 않았다. 그렇게 살다가 중년이 됐다.

오랫동안 외향적으로 살아서 어느 순간 나조차 내가 외향형 인간인 줄 알고 살았다. 중년의 시간이 깊어질수록 나는 외부보다 내부로 눈을 돌려 에너지를 쏟기 시작했다. 서서히 지금껏 살아온 성격이 아닌 그 반대 성향으로 몸과 마음이 향했다. 어린 시절 나만이 알고 있었던 그 성향으로. 사람들에게 둘러싸여 있는 시간보다 혼자 있는 시간 안에서 삶의 에너지가 충족됨을 느낀다. 한껏 밝게 살았지만 지쳐 있던 외향형에서 건강한 내향형으로 조용하고 단단하게 통합되고 있다.

융(Jung)은 그랬다. 마음 안의 그림자는 우리가 쉽게 알 수 없는 무의식의 '다르게 하고 싶은 마음'이며 그 '열등한' 인격 속에는 의식 생활의 법과 규칙을 따르지 않으려는 온갖 '불순종'이

들어 있다고.³ 중년이 되면서 서서히 내 안 그림자의 목소리가 들려온다. 그동안 억눌려 있었던 것, 해보지 못했던 것의 열망이 고개를 든다. 그림자는 마음 안에 나도 살고 있다고 자꾸만 소리 낸다. 그 소리가 밖으로 터져 나오면서 삶의 삐걱거림이 시작된다.

O는 최근 오랜 친구와 절연했다. 한바탕 큰소리를 내고 언쟁하다 결국 다시는 안 보기로 하고 관계를 끊었다. 실은, O는 절연한 친구에게 열등감이 있었다. 고등학교 다닐 때부터 친구였던 둘은 성인이 되고 각자 가정을 이루는 과정을 지켜보며 관계를 유지했다. O는 친구를 오랫동안 부러워했다. 학창 시절에는 가정 형편부터 성적에 이르기까지 자신보다 친구가 월등하다고 생각했고 급기야 결혼도 자신보다 더 나은 조건인 사람과 했다고 믿었다. 세상은 불공평하다고 여겼지만 드러내놓고 속상한 마음을 표현하지는 않았다. 그러다 아주 사소한 말이 불씨가 됐다. 예전 같았으면 넘어갔을 일이었다. O가 참지 않고 한마디 하다 묵은 감정까지 폭발한 것이다. 후회했지만 돌이키기 싫어서 O는 오래된 관계를 정리했다.

3   앞의 책

"그 친구와 함께 있는 게 힘들었어. 왜 그런지 잘 몰랐는데… 이제 이 나이에 마음 힘들어하면서까지 사람 만나기는 싫다."

열등감, 우리에게 어떤 측면에서 보면 추진력을 가질 수 있는 원동력이 되기도 한다. 열등감이 문제가 되는 것은 골이 깊어지거나 숨기려 할 때다. O는 친구와 오랜 관계를 유지하면서도 그에게서 느끼는 열등감을 어찌지 못했다. 시간이 흘러도 극복할 수 없는 그 무엇인가가 있다고 느꼈다. 힘들게 숨기고 살다가 나이를 먹으니 자신 안에 있는 그림자의 목소리가 툭 밖으로 튀어나왔다. O는 관계를 회복하려 하지 않았다. 자신 안의 열등감을 제대로 보려 하지 않고 관계만 끊어버렸다.

대인관계에서 나타나는 그림자의 문제는 반목과 불신, 증오와 갈등으로 불거진다. 가족의 문제로는 대표적으로 고부(姑婦), 장서(丈壻) 간의 갈등, 시누이와 올케 사이의 갈등 등이 있다. 서로 다른 집안의 문화에서 성장했다가 결혼으로 인해 가족이 된 경우 더 심해질 가능성이 있다. 서로에 대한 왜곡된 선입견이 오해의 골을 더 깊게 만드는 일이 생길 때이다. 자신의 그림자가 상대에게 고스란히 투사가 되어 관계가 걷잡을 수 없을 정도가 된다.

Y는 두 아이를 모두 독립시키자마자 이혼했다. 남들은 Y를 이

해하지 못했다. 30년 동안 살았는데 지금 와서 왜 이혼하느냐는 거다. Y는 30년을 살았기 때문에, 더 늦기 전에 이혼해야겠다며 과감한 결정을 내렸다. Y는 양가 집안에서 반대하는 결혼을 했다. Y의 시집은 친정보다 생활 형편이 조금 나았다. 그게 문제는 아니었다. Y의 학벌이 남편보다 좋은 게 결혼 반대의 가장 큰 이유였다. 특히 시어머니보다 시누이들이 결혼을 반대했다. 서울에 있는 명문대학을 나온 Y가 지방대를 나온 남편을 무시하고도 남을 거라며 결사반대를 외쳤다. 결혼을 반대하면 할수록 어떻게 되는지 우리는 로미오와 줄리엣 이야기를 통해 잘 알고 있지 않은가. Y와 그 남편은 헤어질 수 없을 만큼 서로 사랑한다고 믿으며 반대를 무릅쓰고 끝끝내 결혼했다.

그 이후 문제는 다발적으로 발생했다. 시집 식구들은 Y가 어떤 행동을 해도 곱게 보질 않았다. Y가 똑똑해서 자신들을 무시하는 거라고 했다. 결혼 초 잠시 직장 생활을 했던 Y에게 시어머니는 친정을 먹여 살리려고 하는 거라면 당장 그만두라고 했다. 아이들을 낳고 기르는 동안에도 시집과의 갈등은 나아지지 않았다. 그런 상황에서 남편은 Y의 편을 들어준 적이 없었다. 남편은 자신의 어머니가 Y 때문에 힘들어하는 걸 더 가슴 아파했다. Y는 희망 없는 결혼 생활을 이어가다가 30년 만에 홀로서기를 선언했다.

"나는 그 집의 미운 오리 새끼였어. 이제는 백조이고 싶어."

Y는 시집 식구들의 그림자였다. 남편보다 좋은 학벌을 가지고 있는 며느리는 시집 식구들의 열등감을 자극하는 존재가 됐다. 무시할지도 모른다는 불신과 선입견은 확고한 신념이 되어 오랜 시간 Y를 괴롭혔다. Y를 향한 열등감은 시간이 흐를수록 나아지지 않고 두터워져 Y를 '나쁜 사람'으로 만들었다. 열등의식을 인식하지 않고 그대로 상대에게 투사하는 것, 이는 스스로 자각하려고 애쓰지 않으면 알아차리기 어려운 무의식 속 어두운 인격[4]이다.

내 안의 그림자를 받아들이는 일은 쉽지 않다. 자신 안에 있는 말도 안 되게 저급한 모습, 비난과 질투하는 모습들이 있다는 걸 알아야 한다. 특히 중년에는 말이다. 인간은 불안정한 존재다. 실수와 잘못을 반복하고도 깨닫지 못하고 똑같은 일을 하기도 한다. 우리 모두 그렇다.

융(Jung)은 말한다. 그림자의 통찰은 겸손한 마음을 갖게 하며 인간관계가 형성되는 곳에서는 나와 남이 비슷하다는 인정과 배려가 있어야 한다고.

이 나이 먹도록 아직도 어린아이 같은 모습이 내게는 있다. 자

---

[4] 앞의 책

라지 않는 내 안의 나, 이 또한 그림자, 언제쯤 성장하려나….

  그나저나, 이제는 바깥보다 집이 좋다. 기운이 빠져서 이러는 건 아니겠지?

다시…
시작해도 될까?

　세상의 모든 일은 단정 짓지 말아야 한다. '절대로' 안 되는 일도, '반드시' 해야 하는 일도 없기 때문이다. 중년까지 살고 보니 그렇다. 난 대학에서 디자인을 전공했다. 이제는 내가 굳이 말하지 않으면 알아채는 사람도 없다. 내가 한때 그림을 그렸던 이였음을 나조차 잊고 살았다. 대학 졸업 후 미술과는 완벽한 거리두기로 살았다. 다시는, 다시는 그림 그리지 않을 줄 알았다. 정말로 그랬다. 그런데 그 모든 게 거짓말인 양 30년 넘게 쥐지 않았던 붓을 다시 잡았다.

　외국 생활은 예상보다 녹록하지 않았다. 처음 한 달은 낯선 지역을 탐색하고 적응하느라 한국 생각은 잠시 먼 별에 두었다. 입에 맞는 음식을 가려서 먹고, 거미줄처럼 얽히고설킨 전철과 지하철을 헤매지 않고 갈아타게 될 즈음, 스멀스멀 담쟁이넝쿨 기어오르듯 향수병이 저 뱃속에서부터 올라왔다. 같은 시간대에 살고 있고 영상통화도 자유로운 곳에 있으면서도 집이 그립고, 내 나라가 애틋했다. 외국 나가면 애국자 된다는 말, 맞다! 유배

된 것도 아닌데 괜히 서러움이 사무쳐 바람에 날리는 구름과 휘영청 떠 있는 달을 보며 눈물 바람인 적도 있었다.

타국살이의 힘겨움을 조금이나마 견디고자 일본의 미술관에서 물감 냄새를 맡고 다닐 때였다. 우연히 들른 화방에서 옛 기억이 확 돋았다. 학교에서 가장 꼭대기에 있는(왜 미술대학은 구석이나 꼭대기에 있을까) 전공 실기실까지 커다란 그림 도구들을 낑낑대며 들고 올라가던 생각, 그 실기실에서 동기들과 컵라면을 먹으면서 밤늦도록 작업하던 기억들, 완전하게 잊었다고 믿었던 일들이 소름처럼 도돌도돌 일어났다.

화방은 특유의 냄새가 있다. 물감과 종이들이 뿜어내는 특별한 냄새는 한국이나 일본이나 비슷했다. 덕분에 내 기억은 제대로 소환됐다. 화방 안에서 화구들 사이를 거닐다가 4B연필 하나를 쥐어 들어 올리자 무엇인가 말할 수 없는 뜨거움이 치밀었다.

'다시… 시작해도 될까?'

자신감도 없고 믿음도 없었지만 무작정 질렀다. 어디서 나온 씩씩함인지 근거 없이 당당하게 연필과 종이를 사버리고 말았다. 화방에서 연필과 종이를 넣어준 비닐백을 어린아이처럼 흔들며 기숙사로 향했다. 돌아오는 전철 안에서 비닐백 안을 연신 들여다보며 그림 그릴 생각에 들떴다. 참으로 오랜만에 느껴보는 설렘이었다. 무언가 그리고 싶다는 갈망으로 괜히 등이 근질거렸다. 기숙사에 도착하자마자 창가 옆에 연필과 종이를 두고 바라보았다. 뚫어버릴 기세로 내리쬐는 여름볕이 창가의 연필과 종이를 삼킬 것만 같았다. 그 순간 몸이 굳었다.

'내가 지금 무슨 짓을 한 거지?'

쓸데없는 일을 했다는 후회가 머리를 쳤다. 몇백만 원짜리 명품을 나도 모르게 산 것처럼 얼음이 됐다. 단지 연필과 종이를 샀을 뿐인데 아름답지만 비루했던 내 젊은 날이 좁은 기숙사 방 안에서 소용돌이쳤다. 걷잡을 수 없이 들이치는 기억들과 지금의 내가 충돌하며 하루를 보내고 일주일이 지나고 그렇게 한 달이 다 되어갔다.

아무것도 하지 못했다. 괜한 짓을 했다는 생각에 자책했다. 역시 모자란 인간은 어쩔 수 없다며 자신을 나무랐다. 연필과 종이를 그냥 버려야겠다고 마음먹었다. 한없이 쪼그라진 나는 비참했다. 30년 동안 낙서조차 안 하고 산 주제에 그림은 무슨 그림. 충동적으로 저지른 일에 손을 들고 벌서고 싶을 만큼 반성했다. 이 나이가 돼도 자신을 조절하지 못하다니. 학대에 가까운 자기 모멸을 했다.

그즈음 오랜 지인이자 동료였던 P 선생의 SNS를 우연히 보게 됐다. 그림을 그리고 있다는 건 알고 있었지만 하다가 말 줄 알았다. 소식을 드문드문 듣기만 하다 오랜만에 보게 된 그의 SNS에는 여러 번의 전시와 수상 경력이 채워져 있었다. 그의 작품들을 보며 다시 설렘이 시작됐지만 무시하기로 했다. 그저 P 선생의 근황이 궁금하기도 하고 반갑기도 해서 연락해 보았다. 이런저런 이야기를 나누다가 자연스레 그림 이야기로 옮겨갔다. 그의 작품과 전시 이야기로 대화가 마무리될 즈음 최근 나의 혼돈과 갈등에 관한 이야기가 나왔다. 그의 한마디로 생각이 일순간 정리됐다.

"선생님. 미술치료사였잖아요. 그렇다면 더 잘 알지 않나요? 그림, 누구나 그릴 수 있다는 거."

그랬다. 또 틀에 박혀 헤어 나오지 못했다. 잘해야 하고 근사하게 보여야 한다는, 어디에 써먹지도 못할 허영투성이 강박증. 그게 발목을 잡았다. 다시, 그래. 다시, 시작해 보자. 식물도 아닌데 기숙사 창가에서 하릴없이 햇빛만 쐬고 있던 연필과 종이를 조심스럽게 꺼내 펼쳤다. 연필 냄새를 맡았다. 나무와 광물이 어우러져 만든 따뜻하고 서늘한 옛 기억의 냄새. 떨리는 손으로 연필을 깎았다. 내 뒤에서 스무 살 여자애들의 되바라지고 무해(無害)한 웃음소리가 퍼졌다. 나는 그때, 이십 대로 가고야 말

앉다.

  시간 날 때마다 드로잉 연습을 했다. 물감을 써서 그림을 그리고 싶었지만, 연필 작업밖에 할 수 없었다. 카펫이 깔린 기숙사 방안에 물감 한 방울이라도 떨어지는 날엔 배상해야 한다(앞에서도 말했다. 엄격한 규칙이 있는 일본 대학기숙사라고). 사각대는 연필 소리에 보고 싶은 모든 것을 향한 그리움을 묻고, 부서지는 지우개 가루에 오랫동안 품고 살았던 열등감을 털었다. 그 어떤 마음도 들어 있지 않은 '오직 나'로만 존재하는, 마음의 진공상태로 작업했다. 모든 과정이 '위로'였다.

  초봄이 시작될 때 귀국했다. 한국으로 돌아오자마자 곧장 P 선생이 전문가들과 결성한 협회에 가입했다. 여름에 있을 협회 정기전에 내 작품도 전시하기로 작정했다. 모르면 용감하다고, 엄청난 전시 경력이 있는 전업 작가들과 내공의 깊이가 나이테처럼 쌓인 심리치료사들 틈에서 씩씩하게 그림을 그려댔다. 순간순간 그림을 그리는 게 맞는 건지 의심이 갈 때도 있었다. 그럴 때마다 지지해 주고 위로해 준 이들이 있어 다시 일어나 앉아 그렸다. 잘하고 싶은 마음이 풍선처럼 부풀어 올랐지만 접었다. 그건 욕심 그 이상도 이하도 아니었다. 그저 내가 할 수 있는 만큼만 했다. 아스팔트가 터질 듯 끓어오르는 한여름 어느 날, 작가명 '가온'으로 전시회장에 내 그림이 걸렸다.

환대(2024), 60.6×72.7 acrylic on canvas

대학 졸업을 한 지 30년도 넘었다. 그러니까 붓을 놓은 지 30년이 넘었다는 얘기다. 어쩌면 난생처음 그림을 그리는 거나 마찬가지였다. 그럼에도 낯설지 않았다. 그 시절의 물감 냄새는 그대로였고, 붓도 예전과 달라지지 않은 형태를 간직하고 있었다. 달라진 건 '이제는 돌아와 거울 앞에 선 누님'이 된 내 모습이었다. 젊은 날엔 내가 가지고 누렸던 게 뭔지 몰랐다. 무엇이든 당연하고 마땅했다. 중년까지 살고 보니 인생에 그런 건 없다. 자신에게 주어진 어떤 것이라도 소중하게 간직하고, 온 마음으로 감사해야 하는 것들만 있을 뿐이다. 특히 자신에게 부여된 달란트는 더욱 그렇다.

진솔하고 맛깔나는 문장으로 글을 쓰는 작가 정여울은 재능을 발휘하며 원 없이 자유롭게 살아가는 사람들의 특징을 세 가지로 꼽았다. 첫째는 절제, 두 번째는 겸손. 마지막으로 감사하는 이들이라 했다. 매일매일 그 자리에서, 누가 뭐라 해도 자신이 하고 싶은 일을 규칙적으로 해내는 일, 그것이 바로 재능을 소중히 다루는 이들이라 했다. 늦어도 한참 늦었지만, 다시 만나게 된 내 재능을 '평생 친구'처럼 소중히 여기며 살아가련다. 외롭지 않을 노년이 될 듯해서 한편 안심이다.

그룹 전시를 마치고 이 글을 쓰고 있는 요즘, 가을에 있을 개인전을 천천히 준비하고 있다. 다양한 작품을 하고 싶지만, 한계는 분명히 있다. 젊은 작가들처럼 100호가 넘는 그림을 그리기도, 오랜 기간 작업해 온 중견 작가들처럼 확고한 자기 세계를 보여주기도 힘에 겹다. 그래도 나는, 매일 조금씩 그림과 이야기 나눈다. 떨어져 있었던 만큼 서로에게 나눌 이야기가 아직 많다.

  P 선생은 자신이 '어쩌다 화가'가 됐다고 했다. 나는 '돌아온 그림쟁이'쯤으로 해 두자. 아버지가 돌아온 탕자를 조용히 걷어 준 것처럼 그림은 나를 질책 없이 평온히 안아주었다. 그 힘으로 난 오늘도 그린다.

고맙고 또 고맙다

　반려동물을 키우는 사람들은 다 안다. 반려동물은 사람이 주는 사랑보다 훨씬 더 큰 사랑을 주는 존재라고. 반려동물을 키우지 않는 이들은 말한다. 사람에게 신경 쓰기도 힘든데 어떻게 동물을 키우냐고, 한가하고 돈 많아서 그렇다고 한다. 둘 다 맞다. 그런데 한가하고 돈 많아서 키우는 이들도 있지만 그렇지 않은 사람들도 많다. 내 인생에 반려동물들이 들어온 이상 내칠 수 없어서, 너무나 사랑스러워서, 내가 거두지 않으면 안 될 만큼 절실해서… 반려동물을 키우는 이유는 백만 가지다.

　우리 집에도 14년째 동고동락하고 있는 반려견이 둘이다. 만이와 복이, 이 둘은 달라도 너무 다르다. 포메라니안과 몰티즈로 견종도 다르지만, 무엇보다 성향이 정반대다. 이들을 보고 있노라면 사람과 다르지 않다는 걸 매번 느낀다. 영리하고 독립적인 성향인 만이는 자신만의 공간과 시간을 확실하게 고수한다. 이를 방해라도 하게 되면 불쾌한 기색을 드러낸다. 사람 친화적이고 순종적인 복이는 언제나 주인(요즘은 집사라고 한다지) 근처에 있고 싶어 한다. 글을 쓰는 지금도 내 옆에서 잔다. 이렇게나 다른 성향인 만이와 복이의 14년은 참 다사다난했다. 우리네 삶처럼.

J는 유기견을 입양했다. 그 소식을 듣고 깜짝 놀랐다. 내가 아는 J는 동물을 그다지 좋아하지 않았다. 최근 J의 두 자녀는 각각 결혼과 독립으로 집을 떠났다. 이제 집에는 J와 남편, 둘만 덩그러니 남았다. 아이들이 같이 살 때는 몰랐는데 다 떠나고 나니 집이 참 크다고 느꼈단다. 남편과 대화도 아이들이 있을 때보다 훨씬 줄어들어 쓸쓸함은 한층 더 했다. 그러다 우연히 동물 관련 TV 프로그램을 보고 큰 용기를 냈다. 아무런 지식도 없이 동물을 키우는 건 사람이나 동물, 모두에게 못할 일인 것 같아서 먼저 유기견 보호소 자원봉사부터 시작했단다. 그 일을 인연으로 보호소에서 만난 2살로 추정되는 믹스견을 가족으로 맞았다.

J는 자신의 인생이 둘로 나뉜다고 했다. 초롱이(입양한 유기견 눈이 너무 맑아서 이름 지었단다)를 만나기 전과 후로. 초롱이를 키우기 전에는 집안에서 동물을 키우는 건 상상도 못 했다. 깔끔한 성격의 J는 털이 날리는 것도, 집안에 냄새가 나는 것도 극도로 싫어했다. 아이들이 어렸을 때 개나 고양이를 키우자고 졸라도 단호하게 거절했던 J였다. '초롱이 엄마'가 된 지금, 다른 누구보다도 본인이 제일 놀라고 있단다. 이렇게 살 줄

은 정말 몰랐다면서. J는 고백했다. 자신의 성향이 예민하고 신경질적인 부분이 있어서 가족들과 갈등도 있었는데 초롱이를 키운 이후부터 편안하고 다정해졌다고 했다. 모든 게 초롱이 덕분이란다.

코르티솔은 우리가 긴장을 느낄 때 발생하여 스트레스 호르몬을 만들어낸다. 적당한 코르티솔은 우리의 활동에 긍정적인 영향을 주지만 과다했을 때 문제다. 반려동물과 접촉하며 함께 살게 되면 우리의 스트레스 호르몬 분비를 줄여줄 수 있다고 한다. 이미 널리 알려진 연구 결과다. 긍정적인 효과는 이뿐 아니다. 반려동물을 안거나 만지는 행위는 우리에게 따뜻함과 안정감을 준다. 반려동물(특히 개나 고양이)의 털이 주는 촉감은 그 자체로 위로다.

D는 연로하신 아버지를 모시고 살고 있다. 남편과 맞벌이하는 D와 직장 생활과 학업을 하는 아이들 때문에 아버지는 홀로 집에서 시간을 보내는 경우가 많다. 이를 안타까워한 D 부부는 최근 강아지를 입양했다. 너무 어린 강아지는 연로하신 아버지가 다루기 힘들다고 생각하여 생후 1년 가까이 된 강아지를 또 하나의 가족으로 맞았다. 강아지가 처음 집에 왔을 땐 모든 가족이 낯설어했다. 한 번도 동물을 키워본 경험이 없기 때문이었다. 특히 아버지는 실내에서 개와 함께 지내는 일을 불편해하셨다. 동물은 실내가 아닌 외부에서 생활해야 한다는 인식을 오랫동안

갖고 계셨기 때문이다.

　가족들, 특히 D의 아버지와 적응 기간을 무사히 마친 강아지 '짱가'는 집안의 막내 역할을 톡톡히 해냈다. D의 가족은, 식사는 물론 대화조차 뜸했던 집이었다. 모두가 바빴고 서로 얼굴을 마주 볼 시간대도 맞지 않았다. 성긴 가족관계가 되고 있었다. 그러던 와중에 짱가가 들어왔고 덕분에 가족들은 대화 속에 살게 됐다. 짱가를 보살피며 가족들은 다시 웃음을 찾았다. 특히 D의 아버지에게 큰 변화가 있었다. 혼자 우두커니 시간을 보내던 아버지는 짱가를 산책시키면서 동네 주민들과 이야기도 나누게 되고 그로 인해 활력과 건강을 얻게 됐다. 짱가와 접촉하면서 외로웠던 노년에 즐거움과 정서 안정은 덤이었다. D의 가족은 반려동물이 주는 긍정적 효과를 톡톡히 얻었다.

　반려견을 키우는 사람들은 개와 함께 산책하면서 지역 주민들과 마주치게 된다. 자연스럽게 대화하면서 관계가 형성되기도 한다. 그를 통해 반려견을 키우는 이들은 외출의 빈도가 높아지며 정신건강도 좋아진다. D의 가족, 특히 D의 아버지가 그러한 경우다. 노년기에 약해질 수 있는 신체 역시 반려견을 보살피고 접촉하는 과정을 통해 건강함을 유지할 수 있다. 더불어 중년기에 놓인 D의 부부와 그들의 성인 자녀들도 다시 화합하는 계기가 되었다. 반려견과 살아가는 삶은 행복이자 축복이다.

얼마 전 무지개다리[1]를 건넌 반려견 핑크의 주인 K는 상실감으로 한동안 힘들었다. 20년 가까이 살다 간 핑크는 K의 가족에게 큰 즐거움이자 위안이었다. 무지개다리를 건너기 2달 전까지만 해도 잘 뛰어다니고 왕성한 식욕을 자랑했다. 그러다 갑자기 노환이 왔다. 반려견도 사람이 겪는 질병을 거의 겪는다. K의 가족은 반려견이 사람보다 오래 못 산다고 알고는 있었지만, 막상 반려견의 죽음을 맞자 그 슬픔은 견딜 수 없는 트라우마가 됐다. 가족들은 펫로스 증후군[2]을 겪게 되고 말았다.

반려견 핑크는 가족 중 K를 유난히 잘 따랐다. 핑크를 향한 K의 애착도 깊었다. 그래서 가족 중 펫로스 증후군이 가장 깊은 이도 K였다. 가족들이 모두 집을 비우고 K가 혼자 있을 때 그림자처럼 핑크는 옆에 붙어 있거나 따라다녔다. 우울한 얼굴로 있거나 속상한 일로 눈물지을 때도 마치 위로하듯 K와 호흡을 맞추며 가만히 옆에 앉아 얼굴을 바라보았다. 반려견 핑크는 K에게 자식이나 남편보다 더 소중한 존재였다. 특히 갱년기 증상으

---

[1] 키우던 반려견이 사망했을 때 반려견의 주인들은 '죽었다'라는 표현을 잘 쓰지 않는다. 반려견의 상실감이 큰 만큼 반려견들이 좋은 곳으로 가기를 바라는 마음으로 '무지개다리를 건넜다'라고 표현한다. 고양이의 경우 '고양이 별로 갔다'라고 하기도 한다.
[2] 사랑하는 가족이었던 반려동물이 곁을 떠나게 됐을 때 느끼는 우울감이나 상실감이다.

로 몸과 마음이 고되고 힘들었던 시기에 옆을 지켜준 핑크는 그 어떤 호르몬제보다 강한 치유력을 가졌다. 삶을 버티게 해준 고마운 존재였다. 많은 세월을 함께한 핑크라 상실의 슬픔은 더할 나위 없이 깊었고 헤어 나올 수 없을 것만 같았다.

시간은 때로 약이 된다. 한 달 두 달이 지나자 조금씩 핑크가 없는 시간을 살 수 있게 됐지만, 그저 견디는 것일 뿐. 핑크가 떠난 빈자리는 그 무엇으로도 채워지지 않았다. 의미 없는 하루하루를 버티다 반려견 위탁 가정 임시 보호를 우연히 알게 됐고, 아주 조심스럽게 한 마리를 위탁받아 임시 보호하는 생활을 시작했다. 문득문득 떠오르는 핑크 생각에 눈물이 날 때도 있지만 K의 생활은 서서히 그리고 천천히 치유되어 갔다.

반려견이 우리 곁을 떠나는 순간은 말할 수 없는 슬픔과 고통이 찾아온다. 반려인은 격렬한 감정에 휩싸여 이성을 잃을 때도 있다. 반려견이 살아있을 때 잘 보살펴 주는 게 우리의 사랑과 의무였다면 세상을 떠날 때 잘 보내주는 것 역시 반려인으로서 마지막 의무다. 붙잡고 싶은 마음에 오열과 몸부림을 치며 감정에 함몰되기보다 무지개다리를 건너려고 하는 반려견에게 그동안 혹시라도 하지 못했던 말과 인사를 나누자. 건강했던 그때처럼 다정하게.

내 경우엔 젊었을 때부터 반려견과 함께 생활했다. 14년째 가족으로 지내고 있는 만이와 복이보다 앞서 함께 살았던 반려견

만복이는 16년을 살다 무지개다리를 건넜다. 하얀 눈이 꽃처럼 펑펑 내리는 날 하늘로 올라갔다. 헤어질 준비를 마음으로 했음에도 떠나보낸 슬픔에서 빠져나오는 데 꽤 오랜 시간이 걸렸다. 만복이를 보낸 상실감을 만이와 복이를 키우면서 견딜 수 있었다. 중년이 될수록 말없이 내 옆을 지켜주는 두 반려견이 참 고맙다. 이들이 내게 준, 말 없는 사랑 덕분에 하루에도 수십 번 오르락내리락, 갱년기 감정 언덕에서 굴러떨어지지 않고 걸을 수 있었다.

내 사랑스러운 반려견 만이 복이에게 언젠가 꼭 묻고 싶다. 우리 가족으로 살아서 어땠는지, 힘들 땐 언제였는지, 반려인인 우리가 마음에 들었는지 말이다. 나는 이들에게 말하고 싶다.

"너희들은 내 인생 최고의 반려견들이란다. 곁에 있어 주어 고맙고 또 고맙다."

내면의 아이를 지켜라!

특출나게 잘하는 것 없는, 평범한 어린 시기를 보냈다. 친구들이 좋아하는 만화책에 잠시 관심을 가졌다가 그 당시 여자애들이 열광하는 연예인을 흠모도 했던, 나는 어디서나 볼 수 있는 아이였다. 조금 다른 점이 있다면 학교 수업을 마치고 집에 가도, 어서 오라며 맞아 줄 사람이 없다는 거였다. 대문을 열자 반기는 적막감과 햇살이 비치면 공기 속에서 흐느적대는 먼지만이 나의 귀가를 맞아주었다. 밖에서 떠드는 아이들 소리 때문에 집 안의 고요함은 한층 두텁고 무거웠다. 쳇바퀴 돌듯 바쁜 부모를 기다리며 혼자 밥을 먹고, TV를 보다 잠이 들었다. 삶의 무게가 얹힌 부모의 어깨를 보며 인생의 고단함을 일찍 배웠다.

배고픈 날이 잦았다. 혼자 남겨진 내가 할 수 있는 건 간식을 넣어둔 작은 창고를 열어 초콜릿이나 과자 따위를 먹는 거였다. 손에 닿는 대로 먹어 치운 달디단 간식들은 위와 장을 훑으며 어두운 내 몸속을 돌아다니는 쓸쓸함을 마취시켰다. 어른의 돌봄이 필요한 시간을, 혼자 때워야 하는 일은 허기를 견디는 것보다 훨씬 허우룩했다. 밤이 돼서야 밥벌이에 지친 몸을 뉘러 돌아온 부모는, 어린 나의 안전만을 확인하곤 이내 잠에 빠졌다. 나 역시 온종일 그리웠던 엄마 등에 손을 가만히 댄 채, 혹여 엄마를 깨울까 봐 하품 소리도 크게 내지 못하고 몸을 동그랗게 말고는 잠이 들었다.

내면 아이란 어른의 내면 안에 있는 아이를 말한다. 성인이 됐다고 해서 육체와 정신이 모두 같은 속도로 성장한 것은 아니다. 심지어 성인이고 중년이 된 이들의 내면 안에도 아직 7살(혹은 그보다 더 어린) 꼬마가 살고 있다. 아동기 트라우마로 인한 핵심 상처는 치유되지 못한 채로 머물러서 나이를 먹어도 그대로 남아 있다. 마음의 성장이 저지되거나 감정이 억제된 채로 자라 성인이 된다면, 상처받은 아이는 어른이 된 후에도 계속 내면에 자리 잡게 된다는 거다.[1] 그 내면 아이는 평소에는 잘 등장하지 않는다. 우리가 취약할 때, 즉 마음이 힘들거나 화가 났거나 슬플 때(그 외에 여러 가지 마음 불편할 때), 등장한다. 자신도 모르는 새 말이다.

어른이 되면 배고픔 따위는 대수롭지 않게 버틸 줄 알았다. 강렬한 식욕이 덮쳐도 의연하게 견딜 줄 알았다. 혀뿌리까지 아린

---

[1] 존 브래드쇼(John Bradshaw) 저, 오제은 역, 『상처받은 내면 아이 치유』(2010).

달달한 간식을 쟁여놓고 먹어도 헛헛함은 자꾸만 삐져나와 어지럽게 돌아다니며 나를 건드렸다. 마음의 구멍이 조금이라도 날라치면 더 자주, 더 격하게 고팠다. 담쟁이넝쿨같이 온몸을 휘감는 허기는, 씹다가 잠이 들어 머리카락에 붙어버린 껌처럼 인생 전체에 쩍쩍 달라붙었다.

처음에는 배가 고플 때 술 생각이 났다. 허기져서 그런가 보다 했다. 그런 날이 겹쳐서 일상이 돼 버렸다. 빨래 더미처럼 허기진 날이 쌓여 쉰내를 풍길 때쯤, 배고프면 술이라는 공식이 깨지기 시작했다. 해가 지면 술이 떠오르고 속이 상해도 술 생각이 났다. 결정적으로 외로울 때마다 술이 앞에 있었다. 입을 통해 목을 타고 흐르는 뜨겁거나 차가운, 화려하게 단순한 그것은, 나를 단숨에 사로잡았다. 몸과 마음은 서서히 잠식됐고, 이내 함몰될 것 같았다. 그때 알아챘다. 이런 행위는 알코올중독이라는 걸. 부서지기 바로 직전, 가까스로 나를 주워 올렸다. 내 안에서 한 아이의 목소리가 들려왔기 때문이다. 성인이 된 지 오래됐고, 이제는 중년이 되어버린 내게 아이의 음성은 구원이었다.

"너, 많이 외로웠지?"

술로 인해 몸과 마음이 황폐해지고 있었다. 그즈음 나는, 부모를 모두 떠나보냈다. 오랜 시간 동안 해왔던 부양에 지쳐 갈 무렵 친정과 시집에 계신 부모들이 모두, 조금씩 간격을 두고 하늘로 떠났다. 부모 부양이 끝났다는 안도감과 이제는 부모 없는 삶이 시작된다는 쓸쓸함이 동시에 덮쳤다. 배고픔보다 더 지독한, 뼛속까지 시린 외로움은 견디기 힘들었다. 어린 시절에 겪었던 등 시린 서늘함이 다시 찾아왔다. 중년이 된 내게.

나를 돌보아야 할 때가 왔다. 몸이 성장하고, 늙어가는 동안 나의 내면 아이를 제대로 돌본 적이 없었다. 내면에 있는 존재를 알고는 있었지만 울면서 징징대는 목소리를 듣고도 모르는 척하는 날도 있었고 심지어 잊어버리기도 했다. 그렇게 세월은 흘렀다. 내면 아이는 자라지 않고 여전히 내 안에서 웅크리고 울다 잠들기를 반복하고 있다. 그 아이를 이제 양육해야 할 시간이 왔다. 그렇지 않으면 성숙하지 못한 중년으로 살다가 참 우스운 노인이 될 게 뻔하기 때문이다.

F는 산티아고 순례길을 떠났다. 어느 날 갑자기 다녀오겠다는 말을 공항에서 전화로 전한 뒤 훌쩍 떠나버렸다. F는 최근 인생의 큰 고비를 넘었고, 또 넘어야 하는 길에 서 있게 됐다. 결혼 생활 동안 무척이나 안 맞는 부부로 살았던 F였다. 깊이 생각한 끝에 따로 살자고 결정했다. 어렵게 이혼하자마자 노환을 앓던 어머니가 세상을 떠났다. F에겐 정신적으로 의지가 됐던 어머니였기에 슬픔은 땅을 뚫을 만큼 깊었다.

안 좋은 일은 한꺼번에 온다고 했던가. 어머니 장례를 치르자마자 F는 건강이 안 좋은 것 같아 병원을 찾았다. 유방암 3기 진단을 받았다. 몸 이곳저곳으로 전이마저 돼 있었다. 그때 F는 알아차렸단다. 자신 안에서 자꾸만 외치는 소리가 있다는 것을. 부모가 시키는 건 반항 없이 이루어냈고 부모가 원하는 사람과 결혼도 했다. 자신이 원하는 것은 단 한 번도 소리 내어 말한 적 없이 '착. 하. 게.' 살았다고 F는 힘주어 말했다. 그런 그가 내면의 소리에 처음으로 귀 기울였다.

'이제 내가 원하는 것을 하고 싶어. 나 이러다 정말 죽을지도 몰라.'

벽에 머리를 쿵쿵 찧으며 울부짖는 소리가 들렸단다. 인생의 벼랑 끝에 서 있는 것만 같은 자신이 불쌍해서 어쩔 줄 모르겠다고 했다. 중년까지 온 힘을 다해 살아왔는데 남은 건 하나 없고 병들고 지친 자신만이 세상에 홀로 남아 있다고 했다. 견딜 수 없이 아프다고도 했다. 그래서 떠난다며 희미하게 웃었다. 유방암 치료에 대해 걱정하는 나를 오히려 위로하며 씩씩하게 한 마디 덧붙였다.

"산티아고 다녀와서 치료받을 거야. 나 다시 태어난다. 두고 봐!"

산티아고를 여행하는 동안 F는 웃으며 걷다가 울면서 앉아 있었다고 했다. 자신의 인생이 너무나도 한심해서 미칠 지경이었다고. 어느 날은 열심히 먹다가 다 게워내기도 했다. 지나간 시간을 그저 착하게만 살아낸 자신이 역겨워져서. 마음의 너울을 울렁이며 걸었단다. 자신의 인생보다 더 험난한 길을 발톱이 빠진 줄도 모르고 걸었단다. 그 길 끝에서 F는 자신을 보듬어가며 살아가기로 굳게 마음먹었다. 여행길에서 돌아오자마자 항암치료를 시작했다. F는 머리카락이 다 빠진 사진을 내게 보내오며 이렇게 글을 남겼다.

'세상 끝에서 나를 데리고 왔어. 다 포기하고 죽고 싶었는데, 내 안의 목소리가 그러지 말라고 하네. 아직 원하는 게 있다면서. 나 공부 다시 하고 싶어. 대학원 진학할까 해. 응원해 줘.'

F를 존경하게 됐다. 마지막이라고 생각하는 순간, 자신을 믿고 다시 삶의 의지를 불태우게 된 그를 통해 삶의 존엄함을 느꼈다. 뜨겁게 응원하고 지지했다.

미처 자라지 못한 내 안의 아이, 아직도 치유되지 못한 내 안의 상처를 치유하는 방법은 어렸을 때 얻지 못한 것을 자신에게 주는 것이다. 이 과정을 '재양육(reparenting)'이라고 하는데, 충족하지 못했던 자신의 욕구를 만족시키는 방법이다.[2] 그러니까 만났으면 참 좋았을, '현명한 부모'의 역할을 자신에게 해주는 것이다. 중년이 된 나를 다시 양육하는 이, 저 안에서 아직도 울고 있을 내면의 아이를 보듬어 주는 건 바로 나 자신이다.

  나도 일어섰다. 무너져 내릴 듯, 위태롭게 살아가는 하루하루를 견디며 다시 일어났다. 하고 싶었던 모든 것을 해보기로 마음먹었다. 더 늦기 전에. 더는 저 안에서 울지 않기 위해.

---

[2] 니콜 르페라(Nicole LePera) 저, 이미정 역, 『내 안의 어린아이가 울고 있다』(2021).

2　이제, 접시를 깨자

살고 싶은 대로 살자고
마음먹었더니

일단 저질렀다. 일본에 가겠다고 했다. 아는 사람 하나 없는 곳으로 가서 살아보고 오겠노라 선포했다. 막상 실제로 일이 차근차근 진행되니 겁이 났다. 괜한 짓을 한 건 아닌가 걱정도 됐지만, 물러서기 싫었다. 무섭다고 포기해버리면 평생 외국에 혼자 나가 살 수 없을 것 같았다. 꼭 해보고 싶었던 일이었다. 젊은 시절, 유학을 잠시 꿈꿔봤으나 보수적인 부모는 허락하지 않았다. 죽을 때까지 혼자 외국에 나갈 일은 절대 없을 거라 여기며 살았다. 세상은 오래 살고 볼 일이다.

중년이 된 여자가 혼자서, 여행도 아니고, 외국에서 잠시 살아보겠다고 했을 때 남편은 반대했다. 살면서 우리는 오랫동안 떨어져 있었던 적도 없고, 내가 혼자 외국에 나간 적은 더더군다나 없었기 때문이다. 생각보다 일이 부드럽게 진행되는 걸 보고 남편은 서서히 동의해 주었다. 말은 하지 않았지만 내게 선물처럼 주어진 기회를 은근히 지지해 주고 있다는 걸 시간이 지나 알아챘다. 함께 살아왔던 세월의 더께만큼 느낌으로 알 수 있는 게 있다. 중년 부부만이 아는.

 그 이후로 막힘없이 속도를 내며 일본행 준비는 착착 되어갔다. 이렇게 순조로워도 되나 싶을 정도로 일이 잘 풀릴 무렵, 사달이 났다. 연구원 자격으로 가게 될 R 대학에 서류가 오가고 행정 절차가 어느 정도 마무리 단계에 와 있었던 시점이다. 다른 준비를 하느라 가장 중요한 내 몸의 준비를 놓쳐버렸다. 무리한 탓이었을까. 신우신염에 걸렸다. 그것도 떠나기 한 달도 채 남지 않은 중요한 때에. 병원에 입원하고 말았다.

 예전 같았으면 포기했을지도 모를 일이었다. 몸이 아프니 가지 말라는 신의 계시쯤으로 여기고 이내 그만두어 버릴 나였다. 그런데 이상하게도 입원 중이면서도 의지는 꺾이지 않았다. 심지어 일본에서 혹시 필요할지도 모르니 영문진단서까지 발급해 달라고 했다. 의사는 일본에서 증상이 나타나면 즉시 한국으로 돌아오라며(나의 신우신염은 입원밖에 방법이 없단다) 안타까운 얼굴로 진단서를 써 주었다. 지금 생각하니 참 대책 없이 씩씩했다. 그만큼 내게 절실했다. 퇴원하고도 14일 동안 매일 항생제 링거주사를 맞아야 했지만 그런 번거로움은 아무런 문제가 되지 않았다. 마음은 이미 일본에 가 있었다. 대충 추스른 몸으로 정해진 날짜에 일본행 비행기를 탔다.

 이제 말할 때가 됐다. 왜 일본으로 가게 됐는지. 우리나라와 가장 가까운 나라라는 장점(?)도 한몫했다. 그보다 더 큰 이유가 있다. 내 부모의 언어가 살아있는 곳이기 때문에 가고 싶었다.

일제 강점기에 교육을 받은 부모(나와 나이 차가 꽤 있다)는 모국어만큼이나 일본어가 능숙했다. 부모는 어린 내가 들으면 곤란한 이야기나 부부싸움을 하게 될 때면 빠르게 혹은 거칠게 일본어를 사용했다. 나를 제외한 그들에게는 일본어가 모국어와 비슷한 위치에 있었다. 가끔 일본 가정에 살고 있다는 느낌마저 들었었다.

그들이 떠나버린 지금, 일본어는 그리움의 언어가 돼버렸다(우리나라가 가지고 있는 국가 감정과는 다른 각도로 생각해 주길 바란다). 무뚝뚝한 아버지와 정 표현에 서툰 어머니였기에 무남독녀인 나는 외로움 한가운데에 늘 앉아 있었다. 어린 내가 부모처럼 일본어가 능숙했다면 조금 더 소통이 원활했을까, 모를 일이다. 중년이 되어 이젠 살고 싶은 대로 살아보자고 마음먹었더니 제일 먼저 떠오른 곳이 일본이었다. 어쩌면 두 분과 살았던 그때로 돌아가고 싶었는지도 모르겠다.

일본살이를 향한 부러움과 걱정을 보따리처럼 짊어진 채 오사카에 도착했다. 앞서도 말했지만, 8월의 오사카는 소리 지르고 싶을 만큼 덥다. 유난히 더위를 많이 타는 나는 도착하자마자 돌아오고 싶었다. 후회가 땀처럼 흘렀다. 어쩔 수 없이 한국에서는 쓰지도 않았던 양산을 제일 먼저 샀다. 다음으로는 손수건을 샀다. 양산은 햇볕을 가리는 용도와 갑자기 내리는 비를 피할 우산 겸용인 경우가 많았다. 일부 몇몇 일본 남자들도 양산을 썼다. 오사카의 지독한 더위와 작렬하는 해를 피하는 데는 남녀 구분이 없다. 손수건은 타월같이 크고 두꺼운 게 많았다. 그만큼 땀이 많이 나기 때문이다. 얇고 예쁜 손수건은 땀을 훔치기엔 턱없이 약하다. 이 역시 남녀 구분은 없다. 오사카 사람들의 여름 필수품[1]을 나도 구비하면서 본격적인 일본살이가 시작됐다.

나는 일본어가 능숙하지 못하다. 그런 수준으로 일본살이를 작정했다니, 중년은 젊음을 반납한 대신 뻔뻔함이 무기다. 돌이켜보니 '무식하면 용감하다'를 실천하고 온 셈이다. 어쨌든 3박 4일 여행이면 몰라도 능숙하지 않은 언어 수준으로, 일본에서 생활한다는 건 참 불편한 일이다. 물건을 사거나 식당에서 주문하는 정도의 레벨로는 누군가의 도움 없이 일본 땅에서 살기가 힘들다. 처음엔 일본 R 대학교수님의 도움으로 일본살이에 필요한 행정 절차를 밟았다. 관공서에서 의료보험[2]과 주소 등록을 했고, 쇼핑몰에서 핸드폰도 샀다. 이 모든 걸 일본인 교수님이 도

---

[1] 내가 보았던 오사카 사람들의 모습이었다. 일반화할 수는 없지만, 양산과 손수건 없이 오사카의 여름은 지내기 힘들 거다.
[2] 일본살이에서 의료보험 가입은 필수다. 액수가 많지는 않았지만 돌아올 때까지 의료보험 비용을 냈다.

와주었다. 덕분에 빠르게 일본 생활의 하드웨어(?)를 장착하게 됐다. 그때까지만 해도 나의 일본살이가 꽃길인 줄 알았다.

꿈인가 싶었다. 내가 일본에서 혼자 밥을 먹고 잠을 자고, 돌아다니다니… 용기 내길 잘했다고, 인생에 이런 날도 온다며 뿌듯해했다. 몇 주쯤 지났을까. 입안이 불편했다. 뾰루지인가 보다, 곧 낫겠지 하고 무시했다. 점점 혀 안쪽이 아파 왔다. 거울에 비추어보니 조그마한 혹 같은 게 나 있었다. 이게 무슨 일인가. 한국에 있을 땐 아무 일도 없던 입안에 묵직한(?) 무언가가 등장했다. 당황해서 검색해 보니 '설암(舌癌)'일 수도 있다는 정보에 덜컥 겁이 났다. 일본에 온 지 얼마나 됐다고, 다시 돌아가야 하는 건가, 슬퍼졌다. 아프니 더 서러웠다.

내 일생일대에 엄청난(?) 용기를 냈다. 일본의 이비인후과에 가기로 작정했다. 어릴 때와 코로나 검사를 제외하곤 이비인후과 진료를 받아본 적 없었다. 일본에 와서 병원을 다 가다니… 그것도 이비인후과를. 의사가 어려운 의료 용어로 말하면 어쩌나 하는 걱정과 나의 짧은 일본어로 상태를 설명해야 하는 부담감 때문에 입안이 더 아픈 듯했다. 궁하면 통한다고 했던가. 한국에서부터 사용하던 스마트폰에 통번역 앱이 깔려 있었다. 다소 쑥스럽기는 하지만 앱을 활용하기로 했다. 지금 이런 상황에 못 알아듣는 것보다 부끄러운 게 낫다. 나! 외국인이잖아!

살고 있던 기숙사 주변의 이비인후과를 검색했다. 가장 가까운 곳을 가기로 했다. 가는 길 내내 떨려서 주저앉고 싶었다. 차라리 당장 한국으로 가고 싶었다. 긴장한 탓에 한풀 꺾인 더위임에도 연신 얼굴의 땀을 닦아냈다. 병원 앞에 서서도 문을 열지 못하고 망설이다 안에서 사람이 나오는 바람에 얼떨결에 들어갔다. 찾아간 동네 이비인후과는 마치 70년대에 와 있는 착각을 하게 했다. 한국의 병원과는 사뭇 다른, 영화에서나 볼 수 있는 오래전 병원 모습을 하고 있었다. 접수창구에서 보험증을 달란다. 전산화가 되어 있는 우리나라와 달리 일본에선 종이로 된 의료보험증을 병원에 갈 때 반드시 지참해야 한다. 떨리는 손으로 간신히 내밀었더니 현재 상태에 대한 문진표를 주었다. 갈수록 태산. 아주 천천히 읽어가며 조심스럽게 쓴 후 제출했다.

곧 내 이름이 불리었다. 나이 지긋한 의사 선생님에게 내 상태를 이야기하기 전, 한국인이라는 말을 먼저 꺼냈다. 일본어가 서투르니 어려운 말씀은 통역 앱을 사용하겠다고 했다. 입안을 보자고 해서 입을 크게 벌렸다. 혹여 의사가 내 입안의 종기를 놓칠까 할 수 있는 한 최대로 입을 벌렸다. 일본인 의사에게 진료를 다 받다니, 참 평생에 다시 없을 일이구나, 생각하면서. 진찰 결과, 비타민 C와 D를 잘 먹으면 된단다. 그러곤 그동안 피곤한 일이 있었는지 물어왔다. 잘 쉬면 낫는단다. 그 말을 들으니 머리부터 발끝까지 노곤해졌다.

'선생님. 저는 지금이 제일 피곤한걸요. 병원까지 오느라 올 한 해 느낄 긴장감을 여기서 다 써버린 것 같아요.'

눈 밑 그림자가 급속하게 내려앉는 걸 느끼며, 그 와중에 통역 앱을 사용하지 않은 일을 스스로 대견해했다. 그래도 혹시 모르니 약을 지어 달라 했다. 의사는 진료를 끝내고 대기실에 있는 나를 다시 불러 현재 먹는 약에 관해 물었다. 한국에서 가져간 진단서가 요긴하게 사용되는 순간이었다. 영문으로 된 진단서를 본 후 의사는 먹는 약과 바르는 약을, 무리하지 말라는 말과 함께 친절히 처방해 줬다.

일본도 의약분업이 되어 있었다. 병원 맞은편 약국으로 가니, 또 문진표를 내민다. 처음 왔기 때문에 써야 한다는 거다. 약국에서 문진표라니, 한국과 다른 상황에 또 한 번 당황했다. 약의 알러지 유무, 현재 복용하고 있는 약 등을 알아야 한다는 거다. 의사도 물었지만, 약사가 또 한 번 묻고 확인하는 절차다. 우리나라 병원에서 가져간 진단서를 다시 한번 내밀었다. 내게 진단서를 복사해도 괜찮은지 묻는 약사의 얼굴에서 일본인 특유의 꼼꼼함을 발견했다. 진료와 약 수령을 모두 마치고 기숙사로 돌아가는 길, 입안 종기의 아픔은 이미 사라졌다.

약 봉투를 흔들며 어린아이처럼 깡충깡충 뛰었다. 병원 진료 한 번으로 내 일본살이가 모양새를 갖춘 것 같아 기뻤다. 괜히 찡했다.

 노을 지는 일본 하늘을 보며, 참고 있었던, 내 나라를 향한 그리움이 처음으로 터졌다.

지금 당장
'홀로 여행'을 떠나라

　일본으로 떠날 때는 연구 목적이었다. 연구원 자격도 부여받았으니, 연구만 하면 됐다. 연구 주제도 있었고, 연구 대상도 구할 수 있었지만 도통 집중하기 힘들었다. 번아웃이 꽤 심한 상태였다. 휴식이 필요했지만 굴침스럽게 버텼다. R 대학연구실 안에는 몇몇 연구원들이 있었다. 한국에서 연구원 자격으로 누군가 온다고 하니 자리는 마련해 줬지만, 그다지 환영하는 분위기가 아니었다. 첫날 인사만 나누었을 뿐, 더는 친밀한 관계가 되지 못했다. 연구하든지 말든지 알아서 하라는 식이었다. 어차피 얼마 있다가 돌아갈 사람한테 굳이 정성을 보이지 않겠다는 의지가 느껴져서 두어 번 연구실에 갔다가 발길을 끊어버렸다.
　싫은 소리를 절대 대놓고 하지 않는 일본인들이라, 감정 읽기가 힘들었다. 더군다나 낯선 곳에서 모든 게 처음이라 초긴장을 하고 살던 때였다. 내 앞가림조차 하기 힘들었다. 대강 눈치로 일본인들의 마음을 읽어야 했다. 연구실의 싸늘한 분위기 탓에 환대받지 못한 외국인 처지가 됐다. 일본에서 한국인으로 살아간다는 게 어떤 것인지 어렴풋이 와닿았다. 우리나라에서는 한 번도 느껴보지 못한 고립감, 막막함, 압박감이 오랏줄처럼 나를 묶었다. 매일 내 나라로 돌아가는 꿈을 꿨다. 아무도 억지로 보낸 적도, 힘듦을 버티며 있어야 할 일도 없는데 왜 이러고 살아야 하는지 의미 부여의 힘이 '얇아지고' 있었다. 하늘 한번 보고 밥 한번 먹으면 해 떨어지는 시간이 됐다. 점점 바깥출입이 뜸해지고 있을 무렵 한국에서 친구가 찾아왔다. 기숙사 방에서 굴을 파고 있던 내게 그녀의 방문은 찬란한 빛이었다.

오사카역 근처 호텔 앞에서 영욱이를 만나기로 했다. 실은 난, 오사카 번화가에 온 건 거의 처음이었다. 오래전에 구경한 적은 있었으나 당시엔 동행이 있어서 굳이 내가 길을 찾아다닐 필요가 없었다. 오사카 시내 번화가에 도착하니 정신이 하나도 없었다. 구글맵으로 찾아도 길을 헤맸다(난 매우 심각한 길치다). 길눈이 두더지 시각인 나와 달리 영욱이는 살아있는 내비게이션이었다. 영욱이와 몇 번의 통화를 하고, 심지어 지나던 사람에게 길을 묻고서야 겨우 우리는 만났다. 나 혼자 눈물겨운 상봉이었다. 영욱이의 첫마디는 안도와 야유를 적절하게 섞은 안부 인사였다.

"네가 일본에 '혼. 자' 살고 있다는 게 놀랍다."

그래. 나도 그렇게 생각한다. 한국에서도 가끔 길을 헤맸는데 심지어 일본에서 국제미아(국제 미어른이라는 말은 없는 것 같아서)가 아직 되지 않고 살아가고 있는 게 나 자신도 대견하다.

물론 길을 헤맬 만큼 돌아다녀 보질 않았기 때문이기도 하다. 친구 덕분에 나는 일본에 와서 처음으로 '관광객'이 됐다. 인간 내비게이션 영욱이 덕분에 맛집도 가보고, 시장도 구경했다. 주객이 전도됐다는 말, 이럴 때 쓰는 거였다. 밤 불빛이 내뿜는 화려한 유혹에, 영욱이보다 내가 더 환호했다. 나는, 오사카 외곽에 사는 촌티를 팍팍 내면서 즐거워했다.

우리는 진기한 먹거리에 혼이 나갔다. 마치 내일은 없는 사람들처럼 구로몬(黑門)시장을 누비며 먹방 놀이에 빠졌다. 하루해가 지고 있다는 걸 둘 다 잊었다. 아무도 알아보지 않는 이곳에서, 외국에서만 느낄 수 있는 낯섦에 서로를 의지하며 찐한 친구가 되어갔다. 밤은 이미 내일로 향해 가고 있었고, 시간 개념을 잊은 우린 작은 선술집에서 속이야기를 털어놓았다. 주로 나의 일본살이 하소연이 안줏거리였다. 물설고 낯선 생활, 감정을 알아챌 수 없는 일본 사람들, 홀로 뚝 떨어져 있다는 외로움에 관한 이야기는 술을 부르고 또 불렀다.

"여행, 다녀보는 건 어때?"

술기운이 돌고 있었으나 영욱이의 한마디에 정신이 퍽 하고 났다.

"기왕지사 모든 게 처음이니, 한 번 해봐. 난 여건이 되질 않아 못하고 있지만 넌 기회가 좋잖아."

그랬다. 난 용기가 없었던 거였지, 여건이 안 되는 건 아니었다. 숨 쉴 구멍을 찾다가 오게 된 일본이었다. 어떻게 만든 시간인데, 한국에 있을 때와 별 다름없이 지내고 있다니. 다시 없을 기회가 물처럼 줄줄 새고 있었다. 툭 던진 그녀의 한마디가 내 심장에 꽂혔다. 선술집에서 호텔로 돌아온 우리는 한국살이와 일본살이를 비교 분석하다가 잠이 들었다. 다음 날 영욱이는 그리운 내 나라로 돌아갔다. 다시 만나는 날엔 그렇게 먹고 싶어 하는 갈비찜을 만들어주겠다며 정치인 공약 걸듯 내걸곤, 바람처럼 떠났다(훗날 영욱이는 그 공약을 지켰다. 내 친구는 정치인이 아니므로).

무척 휑했다. 친구가 왔다 간 이후, 망망대해에 남겨진 기분이었다. 든 자리는 몰라도 난 자리는 표가 났다. 남겨진 고독감은 혼자 지냈을 때보다 훨씬 진했다. 자꾸만, 영욱이의 말이 생각이 났다. 얼마나 설레는 말인가. 탈출과 방랑의 욕구를 자극하는 달콤쌉싸름한 다크 초콜릿 같은 단어. 예상치 못한 만남과 기대치 않은 우연을 품고 있는 낱말.

'여행'

한국에 있을 때는 바빠서, 동행자와 시간이 맞지 않아서, 피곤해서… 여행을 못 가는 수백 가지 이유가 있었다. 이곳에선 단 한 가지 이유밖에 없다. 혼자 돌아다닐 용기가 없어서 주저하고 있을 뿐이다. 벌떡 일어났다. 어디든 가보자. 갔다가 하루 만에 돌아올지라도 떠나보자. 길을 헤매면 물어보면 되고 위험한 곳은 가지 않으면 된다. 생각이 거기까지 미치니 더는 지체할 필요가 없었다. 심장이 몽글몽글 간지럽게 두근대기 시작했다.

떠났다. '홀로 여행' 첫 장소는 '아키타(秋田)'. 일본 도호쿠 지방 북서부에 있는 도시다. 오사카보다 북쪽에 있는 곳이라 기대했다. 사실 오사카, 교토지방의 음식들은 참으로 짰다. 끼니때가 되면 덜 짠 음식이 뭐가 있을까 찾는 게 일이었다. 여행객이 아닌 생활인으로 오사카에 살려면 짠 음식을 각오해야 한다. 아키타, 그곳에는 짜지 않은 음식이 있을 거란 기대와 더불어 고령자들을 위한 배려가 어떻게 되어 있는지 궁금했다. 아키타는 고령화율이 일본 전국에서 1위를 차지할 만큼 고령자가 많은 도시고, 고령 친화 도시이기도 하다. 내 연구 대상이 노인인 관계로 한 번쯤 가보고 싶던 도시였다. 그곳으로 날아갔다. 첫 여행지에 대한 기대를 배부르게 품고서.

하늘에 오르니 이곳 어딘가에 먼저 가신 내 부모들이 계실 것만 같아 눈을 감고 명복을 다시금 빌었다. 살아계실 때 조금 더 잘할걸, 불효자는 꼭 뒤늦게 후회한다. 청개구리는 죽은 엄마를 냇가에 묻고 비만 오면 그렇게 울었다는데, 내가 꼭 그 꼴이었다. 혼자 하는 첫 여행이라서인지 갖가지 감정이 산처럼 솟고 구름처럼 일었다. 비행 1시간 30분 동안 내게 중요한 사람들은 모두 떠올렸던 것 같다. 온갖 생각들이 꽉 차니 머릿속이 웅웅 댔다. 작은 국내선 비행기라 소음이 어마어마했다. 아키타공항에 도착했을 땐 정신이 하나도 없었다. 몸에서 빠져나갈 것 같은 정신을 겨우 부여잡고, 나의 '홀로 여행'을 시작했다.

무슨 일이든 처음 시작하기가 어렵다. 용기로 무장하고 선을 넘으면 수월해지고, 대담해지며, 자신감이 붙는다. '홀로 여행'이 그랬다. 한국으로 완전히 돌아오는 마지막 날까지 '홀로 여행'은 다채롭게 발전했다. 아키타(秋田)를 시작으로 타카마츠(高松), 나오시마(直島), 홋카이도(北海道), 그리고 일본에 첫 노벨문학상 영광을 안겨준 가와바타 야스나리의 작품 『설국』의 고장, 니가타(新潟)까지 돌아다니며, 여행이 주는 선물을 잔뜩 받았다.

여행의 철학적 의미와 이유를 깊은 필치로 사유한 작가 김영하는 어둠이 빛의 부재라면 여행은 일상의 부재[1]라 했다. 삶에서 묵묵히 겪어야 하는 노동과 걱정, 자잘한 의무감에서 벗어나 시간을 누리는 자유로움과 강렬한 흥분을 만날 수 있는 건 여행이라는 거다. 내 삶이 온전히 내 것이라는, 기쁜 확신과 더불어 여행이 주는 덤까지 알뜰히 챙겼다. 외면하고 지나칠 뻔한 내면과 만날 수 있는 소중한 덤을 가방에 얹어서 돌아왔다. '홀로 여행'은, 다시 없을 기억으로 몸과 마음에 남았다.

사람이 죽을 때 후회하는 몇 가지 중 '여행'이 있다. 건강할 때 더 많이 다닐걸, 그 사람과 더 오래 같이 다닐걸, 돌이킬 수 없는 후회가 드리우기 전, 떠나자! 더 나아가 '홀로 여행'을 강력히 추천한다. 이 나이쯤 되면 사람으로 인해 단맛도 쓴맛도 적당히 맛봤다. 여럿이 여행하는 피곤함과 불편함에서 벗어날 때도 되지 않았을까. 살아온 시간을 돌이켜 반성하고 생에 주어진 남은 시간을 계획하기엔 '홀로 여행'이 적격이다. 무엇보다 영혼의 자유로움은 제대로 느낄 수 있다. 그러니까 떠나자!

덧붙임: 이제 구글맵으로 어디든 찾아다닐 수 있게 됐다.
용기는 길치도 떠나게 만든다.

---

[1] 김영하 저, 『여행의 이유』(2019).

그나저나 여행의 인이 박이게 해준 친구 영욱아. 너는 언제 홀로 떠날 거니….

50대 여자의 하이힐 신기

나의 삼백마흔여덟 가지 콤플렉스 중 하나가 '작은 키'다. 중학교 때까지 성장했지만 야속하게도 그 이후로는 멈춰버렸다. 친구 몇몇은 큰 키 번호(번호가 커질수록 큰 키다)가 되어 겅중겅중 뛰어다녔다. 다리가 짧아서 슬픈 뱁새인 나는, 긴 다리 황새를 쫓아가다가 넘어져 더는 따라갈 생각을 안 하고 살았다. 종종거리며 세월을 건너 여기까지 왔다. 작은 키들은 남들 걸을 때 뛰어야 하고, 뛰어가는 이들과 보폭을 맞추려면 축지법 쓰듯 날아야 한다. 숨차고 슬프다. 노력하면 다 된다는 말, 거짓말이다. 우월한 유전자를 따라가려면 다시 태어날 수밖에 없다.

그렇다고 꼭 죽으란 법은 없다. 나 같은 '종종이'들을 위해 발명된 것이 있었으니 유구한 전통을 자랑하는 '하이힐'[1]이다. 대학

---

1 하이힐의 기원을 보면, 고대 그리스 시절부터 애용됐다고 전해진다. 무대 위의 배우들을 사람들의 눈에 뜨이게 해주기 위해 신겼다고 한다. 거리의 분뇨를 피하려고 신었다는 말도 전해 오지만 그렇지 않다는 설도 있다. 어쨌든 놀라운 점은 하이힐의 시작이 여성이 아닌 남성과 관련 있었다는 데

입학을 하자마자 신었으니 내 하이힐 착용 역사도 꽤 오래됐다. 이십 대 초부터 중년이 된 지금까지 작은 키 콤플렉스를 그나마 치유해 주고 있는, 참으로 쓸모 있는 구두라 할 수 있겠다. 하이힐을 신으면 허리를 꼿꼿하게 세우고 걸을 수밖에 없다. 남들은 겉으로 보이는 모습만 보고 바른 자세를 유지하고 있다고 내게 말한다. 덕분에 키가 커 보이는 건 덤이다. 실은 이 덤이 나에겐 참으로 중요한데 말이다.

신어 본 이들은 알겠지만, 하이힐은 사실 참 불편하기 짝이 없다. 오래 걸을 수도, 서 있기도 힘든 구두다. 나처럼 오래 신어서 적응이 된 사람은 몰라도 처음 신어 보거나 자주 신지 않는 사람에게는 고문 도구다. 발 모양도 변형된다. 엄지발가락과 새끼발가락은 힐에 구겨 넣느라 고통을 당할 대로 당했다. 발 크기에 맞는 힐을 신는다고 해도 구두 앞부분이 뾰족하게 되어 있어 발가락끼리 오래 붙어 있는 날이면 무좀에 걸릴 위험도 감수해야 한다.

하이힐을 신고 거리에 나서면 그때부터 수난을 감수해야 한다. 특히 도로 사정이 좋지 않은 곳으로 걷게 되는 날이면 주먹을 꼭 쥔 채 긴장해야 한다. 보도블록이 제멋대로 울퉁불퉁하게

있다. 남성 고위층들이 자신을 돋보이려 신었다고 전해오는데, 커 보이고 싶은 건 남성이나 여성 모두의 욕망인 거다.

깔린 곳에 하이힐을 신고 걷다가 넘어진 적도 많았다. 심지어 12시 마차를 타야 하는 신데렐라처럼 한쪽이 벗겨진 적도 있었다(왕자님이 아니라 창피함이 한쪽을 찾아주었다). 그럴 때면 다시는 하이힐을 신지 않으리라 결심하게 되지만 다음 날에도 하이힐을 신고 나간다. 오래된 습관으로 내 발은 하이힐에 길이 들여져서 넘어지는 아픔도, 벗겨지는 부끄러움에도 무감각해졌다.

그렇게나 힘든데 그만 신으면 되지 않나, 하는 당연하고 지당한 질문이 있을 거다. 아직 하이힐을 견딜 수 있는 무릎과 작은 키를 키우고자 하는 자존심(?)이 버티는 중이다. 하이힐 포기가 쉽지 않다. 운동화나 단화가 편하다는 건 나도 안다. 그 편한 문물을 아예 신지 않는 것도 아니다. 실은 아직 놓지 못하는 이유가 있다. 하이힐과 이별하는 순간, 옷차림도 바뀌고, 화장하는 방법도 변하고, 행동도 달라진다. 설마 그럴 리가 있냐고 물을 수 있겠지만, 정말이다. 편한 신발을 신으면 의복도 편한 걸 찾게 되고, 화장과 행동은 자연스레 편한 쪽으로 향한다. 편해지면 긴장감은 당연히 떨어진다. 마음의 끈이 느슨해지는 순간, 늙음은 도둑같이 온다.

혹자는 나이 듦을 받아들이고 인정할 것은 인정하고 살아야 자연스럽게 잘 늙는 거라 했다. 맞다. 나도 남에게는 그렇게 말할 수 있다. 차라리 완전한(?) 노인이 돼 버리면 받아들이기 한결 수월하다. 늙어가는 게 눈으로 보이고 느껴지기도 하는데 아직 가슴으로 받아들이기 힘든 어중간한 나이, 중년이라 자꾸만 멈칫거린다. 아스팔트도 녹일 듯 강렬한 젊음은 휘발된 지 오랜데 탈피하지 못한 청춘은 몸에 남아 기억으로 맴돈다.

일본에 있을 때는 하이힐을 신지 못했다. 한국에서는 주로 자동차를 타고 다니는 생활이어서 힐을 신어도 그다지 힘들지 않았다. 일본 전철과 지하철을 갈아타고 이동하는 일은 체력이 뒷받침돼야 할 만큼 처음엔 힘이 들었다. 한국보다 이동하는 거리가 어마어마하다(특히 난 오사카 외곽에 살아서). 그보다 힐을 신지 않았던 결정적인 이유가 있었다. 그건 바로 '공식적인 일'이 없었다는 거였다. 연구원 소속이지만 자유로운 일이었고, 가끔 만나는 일본 교수님이 나를 '정 선생'이라 불렀을 뿐, 그 외에 어떤 명칭으로도 불리지 않았다. 일본에서 나는 '일하지 않는 외국인'일 뿐이었다. 그렇다. 하이힐은 언제부턴가 내게 '사회성'이었고 '관계성'이었다. 하이힐은 내가 속해 있는 사회 안에서 역할을 하고 있다는 걸 상징한다. 더불어 그 안에서 관계를 맺고 살아간다는 걸 증명 한다.

일본에 있는 동안 나를 만나러 온 몇 안 되는 친구와 지인들은 내게 한결같이 한마디씩 하고 돌아갔다. 운동화를 신고 편한 복장으로 다니는 나를 모두 다 생경하게 느낀 모양이었다. 그도 그럴 것이 한국에선 정장도 자주 입었고, 무엇보다 하이힐을 항상 신고 다녔으니까.

"일본에선 '아. 줌. 마'로 살기로 한 거야?"

나, 누가 봐도 중년 아줌마 아니었던가? 그들이 말하는 '아줌마'라는 단어를 곰곰이 생각해 봤다. 우리나라에서 '아줌마'라는 단어에는 더는 '여자'가 아니라는 뜻이 있다. 웃자고 하는 말이지만 그다지 우습지 않은 말이 세상에 가끔 떠돈다. 우리나라에 있는 성별은 여자, 남자, 그리고 아줌마가 있단다. 그러니까 해석하자면, 아줌마는 여자도, 남자도 아닌 또 다른 성별의 특성이 있다는 뜻 아닌가. '여자'에겐 성적인 의미를 부여하지만 '아줌마'에겐 그 의미가 없다는 거다. 그러니 또 다른 성이라는 이야기다.

뻔하지만 그래도 사전적 의미를 알아보면, 아줌마는 본래 친족 호칭이었으나 의미가 확대되어 결혼한 여자, 혹은 나이 든 여자를 일컬어 부르는 단어다. 확대된 의미는 변색마저 돼서 이제는 억척스럽고 무례하고 촌스러운 여자를 부르는 말로도 자주 사용된다. 한때 여리여리했던 아가씨들은 삶을 살아내기 위해 기꺼이 아줌마가 됐고, 가정과 사회에 숨은(이 부분이 슬프다) 조력자가 됐다. 그런 아줌마들이 우리를 키웠고, 그 힘을 이어받아 아줌마가 된 우리는 아이들을 키워냈다. '아줌마 패션'은 살기 위해 내던진 욕망, 기다려도 오지 않을 청춘과 맞바꾼 삶의 간절함이다. '여자'에겐 없는 모성이 '아줌마'에겐 있다.[2] 그래서 나는 아줌마라 쓰고 '엄마'라 부른다.

일본에서 돌아오자마자 하이힐로 갈아 신었다. 사회성과 관계성이 다시 시작됐다는 말이다. 잠시 떨어져 있던 나의 집단과 노동 안으로 침투했다. 예전보다 더 전투적으로 깊이 스며들었다. 긴장감은 다시 팽팽해졌고, 의욕은 하늘을 찌르고, 나의 또각거리는 하이힐 소리는 복도를

더 크게 울린다. 삶을 살아내기 위한 '아줌마'인 나에게 하이힐은 '아줌마 패션'이자 노동 현장의 필수 아이템이다. 건강이 허락하는 한, 내게 주어진 인생길을 걷기 위해 무장해야 할 중요한 준비물이다.

느슨해지지 않으려고 애써 찾아 신는 하이힐 덕분에 아직은 짱짱한 에너지를 장착하고 살고 있다. 걸을 때마다 울리는 하이힐 굽 소리에 떨어지려는 긴장감이 기분 좋게 오른다. 살아있다는 증거를 온몸으로 확인할 때면 중년의 마음은 잠시나마 젊음의 가면을 쓴다. 위안과 위로의 찰나다. 아직 무릎과 발목이 건실하다는 위안, 허리가 버텨주고 있으니 당분간은 신어도 되겠다는 위로가 발끝에서 가슴까지 빠르게 타고 오른다.

2   일반화하지는 말 것.

실은 언제 하이힐에서 내려오게 될는지 나도 궁금하다. 신발장 안을 가득 메운 높디높은 하이힐이 전부 운동화와 단화로 바뀌는 날, 내게 '늙음'이 찾아온 것이리라. 피하려고 하지 않겠다. 그렇다고 서둘러 맞이하러 가지도 않겠다. 슬며시 찾아온 어느 날, 차 한잔 마시러 온 오랜 친구인 양 대접하겠다. 과하지 않은 인사로 환영하며 내 옆자리를 내어 주겠다. 붙들 수 없는 영원을 이야기하며 인생의 노을을 함께 바라보아도 좋겠다.

어릴 때부터 지금까지 운동화와 플랫슈즈[3]로 살아가고 있는, 키 170cm가 넘는 오랜 친구 B는 내 하이힐을 무척 부러워한다. 결혼식 할 때 빼곤 한 번도 신어 보지 못한 구두라 친구는 죽기 전에 꼭 신고 거리를 걷고 싶다고 했다. 하지만 그녀 발에 맞는 하이힐은 쉽게 찾기 힘들다(키가 크면 발도 크다). 시중에는 큰 발을 위한 하이힐은 거의 없다. 가끔 남몰래 해외 직구 사이트를 뒤지고 있다는 건 그녀의 공공연한 비밀이다.

---

3   평평하고 굽이 매우 낮은 여성 신발

버림의 미덕, 비움의 지혜

몇 년 전 엄마의 유품을 정리하면서 나는 결심했다. 좋은 물건을 큰마음 먹고 사거나 혹은 선물을 받으면 바로 쓰기로 말이다. 아끼다가 뭐 된다는 말처럼 엄마는, 좋은 옷이나 물건을 안 쓰고 쟁여두다가, 결국 쓰지 못하고 가버렸다. 그 물건들을 비싸게 주고 샀을 때 얼마나 좋아했을지, 나에게 혹은 그 누군가에게 받고 매우 기뻐했을 엄마가 떠올랐다. 엄마의 물건들을 가만히 들여다보고 있자니 환하게 웃었을, 엄마 냄새가 났다. 그러다 이내 구시렁거렸다.

"결국, 다 쓰지도 못하고 가버렸네. 이럴 거면서 뭐 하러…."

거기까지 중얼대다 말았다. 그 말을 들을 사람이 이젠 없다. 엄마와 나는 만나기만 하면 싸웠다. 안 싸운 날보다 싸운 날이 훨씬 많은 모녀였지만, 이제 한 사람은 가고, 한 사람은 여기 남앉다. 엄마의 물건 중 괜찮은 건 사용하려고 골라보았지만, 내게 그다지 소용되는 물건이 없었다. 시간이 너무 지나버렸다. 엄마는 무슨 마음으로 이것들을 안 쓰고 이렇게 간직하고 있었을까, 유추해 보려다가 말았다. 엄마는 떠났고, 엄마의 물건들은 생명력을 잃었다. 한때 반짝이며 가치를 빛냈을 것들, 간 사람의 추억만 품고 바래져 가고 있었다. 엄마의 마음 따위 떠올려 봤자 자꾸 배고픔만 더해갔다. 외로운 만큼 허기는 심했다. 물건으로 남은 엄마를, 서서히 잊기로 했다.

결혼과 동시에 엄마와 따로 살게 된 나는, 엄마처럼 물건들을 쟁여놓았다. 은연중 엄마와 닮은 꼴이 됐다. 물건들은 '언젠간 필요할 것'이라는 믿음이 마음 안에 자리 잡았다. 버리지 못하고 쌓여가는 옷들, 책들, 그릇과 신발들, 그 외에 삶의 잡동사니들, 그들은 어느 구석에 놓여 있다가 내 기억에서 사라져 갔다. 비어있는 기억 안으로 새로운 물건들은 어김없이 채워졌다. 쓸쓸함이, 불안함이, 속상함이, 외로움이 밀려들 때면 쓸데가 있건 없건 간에 일단 무엇이든 사야 했다. 그런다고 마음이 채워질 리 없다는 걸 누구보다도 잘 알면서 어느새 카드를 긋고 있었다.

왜 이렇게 버리지 못할까. 남편과 다투는, 몇 안 되는 일 중 하나다. 유난히 깔끔하고 정리정돈을 잘하는 남자와 유별나게 물건을 버리지 않고 또 사버리는 여자가 30년 넘게 산다. 우리는 줄기차게 변하지 않으면서 아직 부부로 살고 있다. 어느 정도 서로에게 적응은 됐지만, 비슷해지려면 우리는 다시 태어나야 한다(다시 태어나서 부부로 또 만나는 건…). 그 많던 물건들을 채 쓰지도 못하고 저세상으로 가버린 엄마를 봤으면서도 전철을 밟고 있다. 엄마의 물건을 정리하면서 깨달은 게 있으면서도 고치지 못하고 있다. 스스로 한심해하면서 아직 버리지 못하고 있다.

'공간 정리'의 대가, 캐런 킹스턴(Karen Kingston)은 아무것도 버리지 못하는 사람들의 특성을 몇 가지로 나눴다.[1] 만일을 대비해서, 나의 일부분이라 생각해서, 신분 과시용, 소유함으로 안심하는 점을 들었다. 덧붙인 특성은 다음과 같다. 부모에게 물려받은 수집벽이 있으며 물건은 많을수록 좋다고 생각하고, 감정을 억누르기 위해서, 언젠간 쓰일지도 모른다는 강박증이 있기 때문이라 했다. 그러고 보니, 나는 참 여러 개에 해당한다. 그중 몇 개는 맞아떨어지는 강력한 이유라 무릎을 쳤다.

물건을 버리지 못하는 이유 중 첫 번째는 나의 일부분이라 생각하는 점이다. 무남독녀로 자란 나는, 늘 심심했다. 활동적이지 않아 나가놀지도 못했다(지금 친구들이 이 말을 들으면 어떻

---

[1] 캐런 킹스턴 저, 최지현 역, 『아무것도 못 버리는 사람』(2016).

게 생각할지 참 궁금하다). 그런 내게, 부모는 틈나는 대로 인형을 사다 날랐다. 혼자서라도 놀라는 의미였을 거다. 곰 인형부터, 머리를 빗기고 옷을 갈아입히는 마론 인형까지. 지금도 생각나는 인형들이 꽤 있다. 그들과 대화(겉으로 보기엔 혼잣말)를 나누며 상상 놀이로 시간을 때운 적이 많았던 나는, 잠잘 때도 함께였다. 머리부터 발끝까지 인형들을 빙 둘러 눕히고 잠들었다. 그들은 쓸쓸한 나를 지켜주는 호위무사이자, 천사이며, 변하지 않을 친구들이었다. 그리고 그들은 곧 나였다.

아마도 그때부터 생긴 버릇이라 생각이 된다. 내 물건들은 나를 지켜주는 것들이자, 나의 분신 같아서 함부로 버릴 수 없었다. '물건은 곧 나의 일부분'이라는 비합리적인 신념은 두텁게 쌓여 나의 가치관이 되었다. 밥벌이에 바쁜 부모 때문에 홀로 있어야 할 시간이 길었던, 어린 시절의 '분리불안'은 무의식 안에 깊숙이 남아 있다가 행동으로 표출됐다. 물건들이 날 떠나면 나 자신이 없어질 것 같은 불안에 손을 놓지 못하고 그들을 쥐었다.

물건을 버리지 못하는 이유 중 두 번째는 감정을 억누르기 위해서다. 속상해서 위로받고 싶을 때, 즐거워서 같이 웃고 싶을 때, 무서워서 안기고 싶을 때, 소리 내서 울고 싶을 때, 그때마다 혼자였던 적이 많았다. 갖가지 감정들이 마음 안에서 튀어 오르는 날엔 멍하니 있는 행동을 자주 했다. 감정으로부터 도망가는 법을 터득했다. 부모에게 나의 복잡하고 미묘한 감정을 말하는 게 힘들고 낯설어 드러내지 않았다. 어차피 말해봤자 바쁜 부모는 내 말을 귀담아들을 시간도, 여유도 없었다. 잘했을 땐 칭찬 받고 못 했을 땐 야단맞는 게 전부였다. 감수성이 무디지 않았던 어린 나는, 감정을 대체물로 표현하기 시작했다.

그 시작이 아마도 '종이 인형 놀이'였던 것 같다. 8절 정도 되는 종이에 인형 같은 사람이 한 명 혹은 두 명이 있고 그들이 착용하는 옷, 액세서리도 함께 인쇄된 것을 종이 인형이라 말했다. 그것들을 오려서 가지고 노는 놀이가 '종이 인형 놀이'이다. 혼자 놀기에는 그것만큼 만족스러운 게 없었다. 용돈만 생기면 사 모으기 시작했다. 기억으론 중학생이 될 때까지, 엄청난 양의 종이 인형과 액세서리를 버리지 않고 가지고 있었다. 아동기에서 청소년기로 넘어갈 때까지 버리지 못했다. 엄마가 언제까지 그렇게 유치하게 놀 거냐며 버리라고 혼을 냈다. 야단을 심하게 맞은 후에야 그들과 이별할 수 있었다. 가슴 아픈, 인생에 첫 이별이었지 싶다. 지금도 이렇게 기억하는 건, 그들은 내 마음을 알아주는 첫 위로였기 때문이다.

물건을 버리지 못한 이유 중 세 번째이자 지금까지 이어오는 건, 언젠간 쓰일지도 모르기 때문이라는 거다. 버리지 않고 보관했더니 실제로 소용될 때가 많았다. 그 경험들이 쌓이다 보니 내게 확고한 신념으로 자리 잡았다. 살아보니 생각지도 못하는 순간이 오기도 했다. 그럴 때 요긴하게 사용되는 물건들, 역시 내가 옳았다며 뿌듯해한 날도 많았다. 자만심으로 충만한 일련의 일들 때문에 더욱 버리지 못하는 사람으로 되어갔다. '언젠간 쓰일지도 모를 것'들이 모여 더는 감당할 수 없게 됐을 때가 돼서야 겨우 이별을 했다. 그들이 떠난 빈자리는 이내 채워졌다. 어느새 삶의 공간은 여백 없이 가득 찼다. 이러다 숨 쉴 틈마저 없어질 것만 같아 불안했다. 그래도 멈추지 못했다.

살아온 날보다 살아갈 날들이 훨씬 적게 남았다. 그래서 뭐든지 아쉽다. 젊었을 때는 내 곁을 아무도 떠나지 않았기에 모든 게 영원할 줄 알았다. 살면서 이렇게 저렇게 이별을 경험하다 보니 시간과 관계의 유한함이 절절하게 와닿았다. 세월과 사람은 붙잡고 싶어도 붙잡을 수 없으니 자꾸만 손에 쥘 수 있는 것들에 마음을 준다. 떨어지는 낙엽도 꼭 내 모습 같아 눈길이 한 번 더 간다. 겨울을 지나 봄살이 꽃들이 화창해지면 다들 사진으로 남기려 애쓴다. 어여쁘고 고운 것들이 이내 사라질 걸 잘 알고 있기에. 우리의 청춘처럼.

아쉽고 안타까운 시간을 사는 중년이 되고 보니 집착이 강해졌다. 살아온 만큼 의지도 강해졌다. 엄마의 물건을 치우며 알아차렸다. 무언가를 쌓아둔다고 외로움이 묻히는 건 아니었다. 마음을 채우려 무엇인가를 자꾸만 산들 쓸쓸함을 대체하진 못했다. 정리하기로 했다. 몇 년을 사용하지 않았던 것은 과감하게 버리기로 했다. 일단 옷장 정리부터 했다. 유행이 지난 옷, 살이

쪄서 입지 못하게 된 옷, 어쩌다 이런 걸 샀을까 싶은, 말도 안 되는 디자인의 옷들을 솎아냈다. 멀쩡한 것은 재활용 센터로 보내고, 영 아닌 것은 분리수거함에 넣었다. 옷 정리만 했을 뿐인데, 마음이 개운했다. 명료한 미래가 기다리는 것만 같았다.

창문을 열면 쳐들어올 기세로 노년이 가까이 와 있다. 이제 물건을 줄여야 할 시간이다. 노년이 되면 어떤 상황에 놓일지 아무도 모른다. 나의 의지와 상관없이 벌어질 일들도 있다. 그를 대비해서 조금씩 정리해 놓자. 좋은 것은 남겨서 아이들에게 줘야지, 하는 중년이 있다면 찾아가서 말리고 싶다. 장성한 아이들은 원하지 않는다. 부모가 썼거나 가지고 있던 것은 이미 구닥다리가 돼 버린 물건일 뿐이다. 내 몸이 건강할 때 자신의 주변을 정리하는 일, 그게 진정 내 가족을 사랑하고, 나를 아끼는 일이다. 늙고 병들어 자신조차 자신을 챙기지 못하게 될 때, 내가 아꼈던 물건들은 남들에게 민폐가 돼 버린다. 미련을 두지 말자. 중년들.

얼마 전 이사를 한 친구 N. 짐 정리하느라 힘들다고 했지. 버리고, 버리고 또 버려도 짐들이 너무 많아 지친다고 했지. 산뜻하게 싹 정리하면 무엇이 남을까. 우리 인생에 정리하고 싶은 건 무엇이 있을까. 돌아보면 아쉬워서 남겨둔 건 또 무엇이 있을까. 끝끝내 붙잡아야 할 것은 무엇일까.

내 살던 곳에 두고 온
마음 하나가 어느새

일본에서 여행을 다니기로 마음을 단단히 먹고 첫 번째로 선택한 곳은 아키타(秋田)였다(앞서 왜 그곳으로 정했는지는 말했다). 아키타 안에서 어디를 다닐까, 검색하다 오가(男鹿)라는 곳을 가기로 했다. 그곳은 아키타 시내에서도 한참을 들어간 시골이다. 여행지를 오가(男鹿)로 선택하면서 차를 빌릴까 생각했지만, 이내 접었다. 우리나라와 달리 일본의 자동차는 운전석이 오른쪽에 있다. 차도(車道)로 다니는 방법 역시 다르다. 동행자가 있으면 용기를 내보겠지만, '홀로 여행'에서는 무리하면 안 된다(내가 정한 '홀로 여행'의 첫 번째 철칙이다). 다행히 오가(男鹿)는 아키타 시내 역에서 전철로 이동할 수가 있었다(전철 이동 시간만 1시간). 뚜벅이 '홀로 여행'은 동선이 가장 중요하다. 무리 없는 선택이라 생각했다.

바람이 스친 코끝은 알싸하고
까마귀 울면서 날아간 곳엔 푸드득, 가을 한 자락이 떨어지고

내 살던 곳에 두고 온 마음 하나가 어느새

하늘을 날아와 소롯이 곁에 앉는다.

오가(男鹿)의 가을을 바라보며

 오가(男鹿)행 전철 안에서 바라본 가을은 마음을 움직이기에 충분했다. 시 구절이 절로 우러나와 메모해 두었다. 전철에서 내리자마자 익숙한 바다 비린내가 밀려들었다. '아. 그렇지. 일본, 섬나라였지' 새삼 알아차렸다. 역 밖으로 나가니 망망한 하늘과 바다가 그림인 양 펼쳐졌다. 일본에 와서 처음 느껴본 평온함이었다. 먹먹하게 고요함. 낯선 나라에서 긴장 상태로 지내다가 바다를 보자 무장해제가 됐다. 아무것도 아닌 채로, 그냥 '나'로 머무를 수 있어 좋았다.

 잠시 망중한을 가진 후, 계획한 대로 절 구경도 하고, 맛난 식사도 했다. 모든 게 순조로웠다. 평안한 여행을 무리 없이 홀로 하는 내가 기특해서 뿌듯했다. 그랬다. 거기까지였다. 그다지 길도 헤매지 않고, 잘 찾아다닌다 했다. 오가(男鹿)역에 내리면서 나는, 돌아가는 전철 시간표를 잘 봤어야 했다. 지금껏 전철과 지하철이 분 단위로 다니는 곳에서만 살아서 그곳이 시골임을 잊었다. 전철은 내가 타려던 그 시간, 이후 2시간 뒤에야 출발한다고 했다. 멍했다. 이제 무얼 하지, 졸지에 길 잃은 나그네가 됐다.

 아무것도 아닌 나로 머문 게 좋았다가 정말로 그 어디에도 쓸모없는 사람이 돼버린 것 같아 급격히 기운이 빠졌다. 간사한 건 역시 인간의 마음이다. 무작정 걸었다. 비가 왔으면 진짜 서러울 뻔했다. 반짝이는 가을 햇살이 나를 비춰주고 있어 그나마 다행이었다. 그래서 가만히 앉아 가을 햇볕이나 쫴야겠다 생각했다. 걸어도 걸어도 앉아 쉴 곳은 없었다. 갑자기 여행이고 뭐고 다 그만두고, 내 나라로 돌아가고 싶었다. 마음이 조금씩 너덜너덜해졌다. 사실, 별일이 아니었다. 전철 시간을 놓친 것뿐, 시간이 지나면 탈 수 있다. 약속이 있는 것도, 누군가 기다리고 있는 것도 아니었다. 그럼에도 나는 그 일이 '오늘의 실패'라고 생각하고 있었다. 과한 자책이었다. 자신을 너무 완고하게 옥죄었던 건 아닐까. 그럴 수도 있는데, 작은 일에도 엄격하게 굴었다. 내게도, 타인에게도.

 걸었다. 걸어야만 했다. 길을 잃지 않으려고 역 주변을 돌다가 조금만 더 가보자는 마음으로, 더 걸었다. 바다 냄새가 진하게 나는 쪽으로 향했다. 그 끝에서 짙푸른 바다를 만났다. 물이 바람에 쓸려 바위에 부딪히는, 포말이 하얗게 올랐다가 사라지는, 바닷물이 발끝에 닿으려다 모래만 쓸고 가버리는 소리에 귀 기울이며 백사장에 동그랗게 앉았다. 시선이 멈추는 끝에 수평선이 다가와 있었다. 세상의 끝에 와 있는 것만 같았다. 이대로 모든 게 멈춰도 이상할 게 없었다.

심장이 느리게 뛰는 걸 느꼈다. 들숨과 날숨이 전에 없이 고르게 넘나들었다. 그때, 마음 안에서 명료한 소리 하나가 들려왔다.

'남은 생은 정말 하고 싶은 걸 하면서 살자. 그래. 글을 쓰자.'

모래사장에서 벌떡 일어나 아까 걸어왔던 길을 다시 돌았다. 해는 어느새 사위어져 가고 있었고 바닷바람은 소소리바람처럼 옷 속을 파고들었다. 한기가 조금씩 들었지만, 견딜 만했다. 심장이 뜨거워서 괜찮았다. 나는 그 바다에서 인생의 큰 선물 하나를 건졌다. 돌아가는 전철에서 오랜만에 깊은 잠에 빠졌다. 종착역인 아키타 역에 내렸을 땐 내 삶이 달라져 있었다.

오가(男鹿)바다에서 낡은 대어를 품고, 오사카 숙소로 돌아왔다. 글을 쓰겠다는 큰 물고기는 나를 펄펄 뛰게 했다. 오래전부터 나는 글을 쓰고 싶었다. 글을 쓰며 살고 싶었다. 소망은 있었지만 '언젠간'이라는 게으름이 내 등에 업혀 차일피일 미루기만 했다. 마음은 있었지만, 글쓰기를 가까이하지 않았던 더 큰 이유는 '자신 없음'이었다. 목구멍까지 차올랐다. 바다에서 만난 '간절함'이 나를, 헤엄치게 했다.

글을 쓰기 위한 준비로 먼저, 검색을 시작했다. 글을 쓰려면 공부부터 해야 했다. 무작정 쓴다고 다 글이 되는 건 아니므로. 그 과정에서 이상민 선생님을 알게 됐다. 나보다 훨씬 젊지만, 글쓰기 분야에서 먼저 깨우치고 앞서서 간 분이므로 내게 '선생님'이다. 이상민 선생님은 글쓰기의 바다에서 오랫동안 헤엄치며, 글을 낚았고, 글 어부들을 길러낸 분이다. 선생님을 믿고 글쓰기를 시작했다. 혼자 하면 또 하다가 말았을 거다. 선생님의 따뜻한 지지로 차근히 글 몸을 만들어나갔다. 한국으로 돌아가기 전이라 화상을 통해 가르침을 받으면서 글의 바다에 몸을 맡겼다.

그리고 한국으로 돌아와 본격적으로 글을 쓰고 있다. 하고 싶은 걸 하면, 시간 흐름이 2배속으로 빠르다. 일본에서 한국으로 완전히 귀국한 이후, 단 하루도 허투루 산 날이 없다. 내일은 없는 사람처럼 오늘을 산다. 물론 일본으로 가기 전에도 설렁설렁 살지는 않았다. 나름대로 성실했다고 생각한다. 그때보다 지금이 훨씬 더 바쁘지만, 그때보다 지금이 훨씬 더 행복하다. 그때보다 지금이 더 살만하다.

미술 작업을 하고, 글을 쓰는 생활이 삶에 더 추가됐다. 혹자는 내게 욕심이 과하다고 했다. 누군가는 부럽다고 했다. 맞는 말이기도 하고 틀린 말이기도 하다. 중년에 무슨 부귀영화를 누리겠다고 이제 와 그림을 그리고, 글을 쓰는가. 적당히 편안히 살다가 가면 될 것을. 생고생을 자처해서 한다고 할 수 있겠다. 맞다. 하나만 해도 충분히 부러운데, 둘 다 가능하다니 좋겠다. 아니다. 틀리다. 잘해서 둘 다 하는 게 아니라 진정으로 둘 다 하고 싶어서 하는 거다. 나는 그림을 잘 그리지도, 글을 잘 쓰는 사람도 아니다. '잘한다, 못한다'는 평가는 앞으로 내게도, 남에게도 하지 않으련다. 그런 프레임에 갇히면, 평생 아무것도 할 수 없기 때문이다. 시작하면 잘해야 하니까. 얼마나 좋아해서 애쓰는지 그저 느끼며 살련다. 여기까지 살아오며 보고 느꼈다. 성적이 행복을 매기는 바로미터가 아니라는 걸 말이다.

글을 쓰려고 건강을 챙긴다. 하고 싶은 걸 하기 위해 하기 싫은 운동을 한다. 오래 살고 싶은 욕심보다 조금이라도 오래 글을 쓰고 싶어서 몸을 움직이기 시작했다. 달리는 소설가, 무라카미 하루키는 글을 쓰는 건 두뇌 운동이지만, 책을 완성하는 일은 오히려 육체노동에 가깝다고 했다.[1] 그 말에 격하게 동감한다. 컴퓨터 앞에 앉아 손만 움직이는데 무슨 노동이냐고 할지 모른다. 앉아서 버티는 힘, 운동 없이는 절대 그냥 생기지 않는다. 젊지 않으니 운동이라도 해야 견딘다.

나는, 행운 중년(행운이라고 하기엔 너무한 표현 같다)이다.

---

[1] 무라카미 하루키 저, 임홍빈 역, 『달리기를 말할 때 내가 하고 싶은 이야기』(2009).

물론 그 행운이 거저 온 건 아니다. 숱한 시간을 멀리 돌아오기도 했고, 여기까지 오느라 지칠 대로 지쳤던 적도 있었다. 포기하고 싶었던 때도 많았다. 버텼더니, 내게 이런 시간이 왔다. 또, 행운이라 말할 수 있는 건 알게 모르게 나를 도와주고, 지지해 주었던 이들 덕분이다. 그래서 나는, 행운(行雲, 지나가는 구름) 같은 행운(幸運)을 잡았다. 늦깎이긴 하지만 글을 쓰며 살아가는 중년의 삶을 제대로 누려볼 거다. 인생은 속도가 아니라 방향이니까.

두근거리는 노년이 오고 있다.

따릉이를 만나러 가는 날, 라일락이 날렸다

나는, 자전거를 못 탄다. 그 누구에게도 배워 본 적이 없다. 내 어린 시절, 아버지는 연로해서 자전거를 가르쳐주며 놀아 주지 못했다(내 생각엔 아버지도 자전거를 못 타셨던 것 같다). 배우지 않아도 저절로 타게 되는 거 아닌가, 혹자는 의아하게 생각할 수 있다. 그러려면 밖에 나가서 친구들과 활동적으로 놀아야 한다. 어릴 적 나는, 밖에 나가 놀지 않는 내향형이었다. 그런 이유로, 이 나이 먹도록 자전거 한 번 타지 못했다. 그래도 사는 데 불편함이 없었다.

일본으로 가기 위해 이런저런 준비를 하다 문득, 일본은 '자전거 나라'라는 생각이 들었다. 일본은 전철과 지하철이 우리나라보다 몇 배나 많기에 이동하기엔 큰 불편함은 없겠지만, 자전거 나라인 이유가 있을 터였다. TV나 SNS를 통해 보면 '자전거 행렬'이라고 할 만큼, 길에 자전거를 타는 사람들이 무척 많았다. 일본인들에게 자전거는 필수품인 듯했다. 일본에서 생활인으로 살아가려면 자전거 타기가 필수 요건인 것 같았다. 당황했다.

자전거를 배워야 했다. 난감했다. 이 나이에, 어디 가서 자전거 타기를 배우나, 누가 가르쳐 줄까, 어디서부터 어떻게 해야 할지 몰랐다. 일본으로 가기 위한 준비는 차근차근 돼가고 있는데 생각지도 못한 암초에 부딪혔다. 자전거를 못 타면, 일본에 못 가는 거 아닌가 하는 생각에 밤에 잠도 잘 오지 않았다. 어떻게든 방법을 찾아야 했다. 남들 눈이 없는 밤에, 학교 운동장에서 혼자 넘어져 가며 몰래 자전거 연습을 해야 하나, 진지하게 고민하고 있었다.

궁하면 통했다. 죽으란 법은 없다. 내가 사는 곳의 구청에서 '바이크스쿨'을 운영한다는 걸 알게 됐다. 검색은 힘이 세다. 혹시나 해서 찾아봤는데 이렇게 좋은 곳이 있을 줄이야. 급한 마음에 전화를 걸어 문의하니, 등록 기간이 따로 있단다. 다행히도 일본 가기 전에 배울 수 있게 됐다. 어찌나 좋은지, 이미 마음은 자전거를 타고 씽씽 달렸다. 내친김에 영화나 드라마에서 여자주인공들이 탔던, 예쁜 바구니가 달린 자전거를 사볼까 하는, 김칫국도 마셨다. 나는 원래 꿈을 참 야무지게 꾸는 편이다.

그리고 바이크스쿨의 등록이 시작됐다. 등록 기간이 있지만, '마치 오늘이 마감날인 양' 일찍부터 전화로 등록했다. 바이크스쿨은 지자체에서 구민들을 위해 운영하기 때문에 강습료는 무료다. 선착순이라 사람들이 몰릴까 봐 마음이 급했다. 이렇게나 좋은 곳을, 나도 이제야 발견했는데 먼저 알고 찾아오는 사람들이 있겠다 싶은 마음에 괜히 안달이 났다. 자전거 타는 내 모습을 매일매일 상상하며 강습 날짜가 오기만을 기다렸다.

수업은 주 3회, 3주간 받는 일정이었다. 초급반과 중급반으로 나뉘어서 교육하는데, 나는 당연히 초급반에 들어갔다. 중급반 사람들을 보니 그들은 이미 익숙한 자세로 자전거를 탈 뿐 아니라 복장도 전문가 같은 포스를 풍겼다. 부러웠다. 내가 속한 초급반에도 사람들은 참 많았다. 다양한 이유로 자전거를 배우고 싶어 시간을 들여서 강습을 받으러 왔다. 아이들은 자전거를 잘 타는데 엄마인 자신만 못 타서 배우려고 온 사람, 자전거를 타고 마트에 가고 싶어 오게 된 사람, 자전거 동호회에 들어가고 싶어 온 사람 등등, 갖가지 사연을 품고 바이크스쿨에 들어왔다. 나는, 일본에서 살아가기 위해 자전거를 배우러 온, 독특한 사연을 가진 사람이라 잠시 관심을 받기도 했다. 자전거 타는 데도 이렇게 각각의 사연들이 있는데, 우리네 인생에 얼마나 많은 이야기가 있을까, 3주를 함께 할 사람들의 얼굴이 예사로 보이지 않았다.

부푼 꿈을 안고 신이 나서 왔지만, 막상 자전거를 보니, 겁이 났다. 오래전 자동차 운전면허를 딸 때는 이 정도로 겁이 나지는 않았다. 나이 들어 자전거를 타려고 하니, 오만가지 안 좋은 상황만 떠올랐다. 그 어떤 장치의 도움 없이 오직 자신의 힘으로 달려야 하는 기구에 선뜻 마음이 가지 않았다. 그래도 여기까지 왔는데, 돌아갈 순 없었다. '꼭 자전거를 혼자 타고 말리라' 어금니를 물었다. 어찌나 긴장했는지 집에 오니 턱관절이 아팠다.

첫날에는 이론만 배우는 줄 알았다. 강의 앞 시간에 자전거에 대한 기초 상식과 안전교육을 하더니 뒤 시간에는 바로 자전거를 타게 했다. 자전거를 올바르게 올라타는 법부터 가르쳤다. 어릴 때 부모에게 배우거나 형제들이나 친구들과 얼떨결에 타는 자전거가 아닌, 체계적인 자전거 타기라 제대로 배우는 느낌이 들어 좋긴 했다. 무서운 건 혼자만의 몫이었다. 떨리는 마음으로 안장에 올랐다. 중심 잡기가 힘들었다. 비틀거리며 넘어지기를 수십 번. 낑낑대는 나와 달리, 처음이라 무섭다고 엄살을 부리던 사람들은 비틀비틀하긴 했지만 앞으로 조금씩 나갔다. 중심조차 못 잡고 바퀴를 구르지 못하는 사람은 나 혼자였다.

알고 보니 완전한 초보는 나밖에 없었다. 초급반 사람들 모두, 몇 번 자전거를 타 보았거나 오래전에 자전거를 탔던 경험이 있는 이들이었다. 1주에 3번, 3주 수업이니 강습은 총 9번인 거다. 그 시간 동안 초급반 사람들은 눈에 띄게 실력이 늘었다. 나만 빼고. 다들 집으로 돌아가서는 자전거 과외라도 받는지 다음 강습에 만나면 같은 선상에서 시작한 이들이 아닌 모습으로 왔다. 초급반 강습의 후반쯤 됐을 땐, 모두 자전거 코스를 그려 넣은 연습장에서 씽씽 달렸다. 역시, 나만 빼고.

운동신경이 좋지 않은 건 알고 있지만, 이 정도일 줄은 몰랐다. 살면서 일을 하건 공부를 하건 두각을 드러내어 시선을 끌어본 적 거의 없지만 그렇다고, 꼴등을 한 적도 없었다. 인생에 처음으로 자전거를 타며 꼴등도 처음 경험했다. 강습 마지막 날에야 나도 겨우 자전거로 달릴 수 있었다. 20명 남짓 되는 초급반 수강자 중 꼴등이었다. 가르치는 선생님도 강습 중반까지는 누구나 결국엔 다 탈 수 있다고 응원해 줬지만, 후반부에는 너무 못 탄다며 면박을 줬다. 마지막 날에서야 바퀴를 제대로 굴리는 걸 보더니, 겨우 칭찬했다. 열등생의 비애, 제대로 느꼈다.

강습 기간 내내 팔과 다리가 성한 적이 없었다. 헬멧은 당연히 썼으므로 머리를 다치는 일은 없었지만, 그 외에 노출된 부분은 멍과 상처투성이였다. 더욱이 여름이 시작되는 때였기에 몸에 나는 상처를 옷으로 가리기엔 역부족이었다. 두 무릎은 까져서 피딱지가 앉고, 손과 팔엔 큰 싸움이라도 한 양 멍이 퍼져 울긋불긋, 다 큰 어른이 그러고 다니니 사람들이 힐끔거리는 건 당연했다. 외출하기도 창피했다. 몸의 상처도 컸지만, 강습이 끝나고도 마음이 편치 않았다. 몸뚱이가 이렇게 되도록 나는, 뭘 하고 살았나 싶었다. 중심을 잡는 것도 오래 걸리고, 손과 발의 협응력도 부진했다. 하체에는 아예 힘이 없었다. 말도 안 되는 운동신경이었다. 몸이 흐트러지는 동안, 어쩌면(당연히) 마음도 무너지고 있을 거란 생각에 이르렀다.

중년까지 대강 살아온 흔적을 제대로 직면했다. 몸의 경고를 나는 그때, 알아차렸어야 했다. 자신을 살펴야 할 때라는 걸 정확히 인지했음에도 불구하고 모르는 채 일본으로 갔다. 자전거를 탈 수는 있지만 달릴 수는 없는, 초보자 상태로 자전거 나라에 발을 디뎠다. 몸과 마음의 건강 상태가 유쾌하지 않은, 걱정스러운 상태인 채로 남의 나라에 살게 됐다. 자신의 상태를 제대로 맞닥뜨렸음에도 안일하게 간과해 버렸다. 자전거를 배우고, 일본으로 떠나기 직전, 신우신염으로 재차 몸의 경고를 받았으나 그만두기엔 늦었었다. 지금 생각해 보니 나는, 참 겸손치 못한 중년이었다. 몸의 소리에 교만하면 안 되는 거였다. 몸을 돌봐야 마음도 건강하다는 걸, 머리만 알고 입으로만 내뱉는 자에게 다음 경고는 치명적일 수 있다.

일본은 과연 '자전거 나라'다웠다. 내가 있었던 학교에는 자전거 주차장이 넓게 따로 마련되어 있었으며, 전철 역 옆에도 자전거 주차장이 있었다. 전철이나 지하철이 발달해 있지만, 우리보다 넓은 땅을 가진 일본이었다. 전철에서 내려 목적지까지 가려면 한참을 걸어야 하는 게 다반사였다. 그러한 불편함으로 일본에서 자전거 타기는 생활, 그 자체였다. 그럼에도 나는 영구 귀국할 때까지 자전거를 한 번도 타 보지 않았다.

일본에 도착한 첫날, R 대학 일본인 교수님께 자전거를 배워서 왔다고 은근히 자랑했다. 그 말에 교수님은 난색을 보였다. 능숙하지 않으면 자전거 타는 걸 다시 생각해 보라 했다. 요즘 일본에 자전거로 인한 교통사고가 늘어나 사회 문제까지 됐단다. 그 말에 자전거 타는 건 아예 포기하고 말았다. 남의 나라에 와서 사고를 치거나, 혹은 당하고 갈 순 없지 않은가. 그 이후, 일본 뉴스를 보니 '자전거 안전하게 타기' 캠페인을 곳곳에서 하고 있었다. 자전거로 인한 사망사고까지 심심치 않게 뉴스에 등장했다. 띠링띠링 자전거 벨을 울리며 달리는, 애니메이션 같은 상상은 접기로 했다.

그리고 한국으로 돌아와서는 운동을 시작했다. 버석거리는 몸인 채로 살아갈 순 없었다. 일단 기초 체력을 길러야 자전거를 타든, 공을 치든, 혹은 차든 할 수가 있겠다 싶었다. 흐물대던 몸이 운동으로 조금씩 단단함을 장착해 갔다. 다리 힘이 생기니 자신감이 생겼다. 자전거 두 바퀴를 마음껏 굴려 보고 싶었다. 우리 집 앞에 따릉이가 놓여 있었다는 걸 그제야 알아챘다. 스마트폰에 앱을 설치하고, 따릉이를 만나러 가는 날, 라일락이 날렸다. 꽃들이 나붓나붓한 길 위에서 따릉이를 딱 한 번 타 본 게 내 자전거 생활의 전부였지만, 어쨌든 나는 자전거를 탈 줄 아는 사람이 됐다. 이제야 인생 한 부분 구멍 난 곳이 메워진 것 같다.

아직도 삶에 큰 부분을 차지하지는 못하지만, 자전거 타기가 적어도 두렵지는 않다. 길을 가다 씽씽 달리는 자전거 위의 사람들을 보면 부럽긴 하지만, 적어도 슬프지는 않다. 넘어지지 않으려 버티기보다 잘 넘어지는 법을 알게 됐고, 스스로 애쓰며 배웠기에, 자전거 타기는 내게 선택의 문제지 더는 능력의 문제가 아니다. 자전거 타기로 나는 산 하나를 넘었다.

브라보 마이 중년 라이프!

자기만의 공간이 필요한 이유

몇 년 전, 지금 집으로 이사를 하면서 남편과 신경전을 크게 벌였다. 일명 '공간 다툼'이었다.

남들과 비슷한 아파트에서 살긴 하지만, 전에 없던 공간이 생긴 우리는 동상이몽을 했다. 우리 집엔 이전에 살던 집과는 달리 창이 큰 방이 하나 있다. 북향이긴 하지만 시야가 막힘없이 탁 트여서 생각을 정리하고, 공부하며, 글쓰기에 안성맞춤인 공간이다. 이사에 앞서 인테리어 공사를 하며 나는, 그 방을 마음속으로 점찍어 두었다. 아마 남편도 그랬나 보다. 서로 말은 하지 않았지만, 각자 그 방을 자신의 방이라 생각했던 것 같다.

의외로 치열했다. 인테리어 공사가 끝나고 본격적인 이사를 하며 나와 남편은 싸우기 시작했다. 창 넓은 방을 서로 갖겠다며 애들처럼 유치하게 다퉜다. 사실, 우리는 결혼 초부터 부모님을 모시고 살았다. 그러니까 시집살이를 오래 한 거다. 부모님과 함께 살던 오래된 집에서 나와 이제야 처음으로 숨통이 트이는 '우리 집'으로 가게 됐다. 시부모님이 모두 돌아가셨기에 가능했던 '우리 집'이 내겐 '하늘에서 내린 선물'처럼 좋았다(아버님, 어머님 이해하시지요?). 내 마음대로 살고 싶었다. 그런데 가만 보니, 그렇게 하고 싶은 건 나만이 아니었다. 남편 역시 마음대로 공간을 누리고 싶었던 거였다.

남편의 고집은 의외로 완강했다. 나도 팽팽하게 맞섰다. 퇴직을 앞둔 남편에게, 당신은 이제 할 일을 줄여나가고 있으니 예전처럼 서재가 그리 필요 없지 않냐며 내게 양보하라고 설득했다. 더불어 내가 그 '창 넓은 방'을 꼭 써야 하는 이유를 덧붙이며 계속 졸랐다. 그럼에도 남편은 흔들림이 없었다. 점점 내 말을 들으려고도 하지 않았다. 갈등이 깊어지려 할 즈음, 남편의 한마디로, 난 그 방을 포기했다.

"나, 지금까지 열심히 살았잖아. 살면서 이런 방 하나쯤 갖고 싶었는데… 이 방, 꼭 쓰고 싶다."

남편은 오랜 직장 생활을 마치고 퇴직했다. 야근도 많았고, 휴일도 반납한 채 일할 때도 있었다. 회사 생활이 다 그렇듯, 인간관계로 힘들어한 적도 있었고, 잦은 회식으로 건강이 나빠진 일도 있었다. 시간과 정성을 들인 덕분에 승진도 했고, 좋은 기회도 얻었다. 그리고 나이가 드니, 물러날 때가 됐다. 그런 남편의 소원이 '창 넓은 방 하나'란다. 그 말을 들으니 미안해졌다. 부모님 모시고, 가족들 신경 쓰며 살아왔던 걸 잘 알고 있는데, 소원이라는 방마저 뺏으면 나쁜 마누라가 될 것 같았다. 더구나 그렇게 열과 성을 다했던 회사에서 퇴직했으니, 내색은 안 해도 섭섭하고 아쉬웠을 게다. 더는 고집 부리지 않았다. 남편에게 인생의 보상처럼 느껴지는 '창 넓은 방'을 마음껏 쓰라 했다. 가끔 남편 책상에서 창밖을 바라보며, 여기 앉아 글을 쓰면 참 좋겠다는 생각은 하지만, 그 이후 더는 욕심내지 않았다. '창 넓은 방'을 깨끗하게 남편에게 넘겼다.

물론, 내 서재도 따로 있다. 남편 서재보다 창이 넓지 않아서 그렇지 나쁘진 않다. 시부모님과 살았을 때와 비교하면, 지금 사는 집은 밝고 넓다. 그리 느껴지는 건 심리적인 요인이 더 크게 작용했으리라 본다. 오랜 시간 부모님을 모시고 살아서 나도 남편도 남들 사는 것처럼, 살아보고 싶은 마음이 컸다. 그래서 자신만의 공간에 대한 욕심이 났던 거다. 아무도 침범하지 않는, 아주 사적인 공간에서 조용히 자신을 돌보고 싶었던 거였다.

어릴 적 외갓집엔 사랑채가 있었다. 외할머니가 쓰시는 안채와 달리 사랑채엔 남자 어른들의 방문과 회합이 자주 있었다. 그러니까 사랑채는 외할아버지만의 공간이었던 거다. 그곳에서 외할아버지는 책도 읽으시고, 주무시기도 하고, 손님이 오시면 술도 드셨다. 사랑채는 남자 어른의 특별한 공간이었다. 부부이면서도, 그 공간에 외할머니가 들어가시는 걸 거의 보지 못했다. 안락함과 통제감이 동시에 존재하는 공간에서 외할아버지는 어른으로서의 위엄과 존재감을 가졌다. 또 남자라는 자의식도 잃지 않았다. 내가 기억하는 외할아버지는 언제나 당당하고 힘이 있었다. 집안뿐 아니라 마을의 대소사까지 사람들이 외할아버지께 의논할 정도였다. 그렇게 어른으로 존경받으시다가 천수를 다하고 가셨다.

아파트 안에서 사랑채 같은 '남자만의 공간'을 찾기란 힘들다. '여자만의 공간'은 있을 수도 있고 없을 수도 있다. 집마다 다르긴 하지만 '안방'은 부부가 공동으로 사용하거나 혹은 엄마가 독차지한다. 부부가 각각 자신의 방이 있다면, 아주 행운인 경우다. 보통의 대다수 가정에선 아이들에게 방을 주고 나면 어른들은 '내 방'을 갖기 힘들다. 가끔은 혼자 웅크리며 자신만의 동굴로 가고 싶을 때, 어린 시절처럼 아무도 모르게 벽장 안에 숨고 싶을 때 요즘 어른들은 갈 데가 없다. 중년은 특히 그렇다.

그런 욕구를 대체할 공간이 하나 있기는 하다. 바로 자동차 안이다. 특히 혼자 운전할 때 사람들은 편안해한다. 홀로 운전을 하며 일터로 향하거나 볼일을 보러 갈 때 사람들은 의외로 안정감을 느낀다고 한다. 그 누구와도 공유하지 않는 운전석에서 혼자만의 생각에 빠질 수도, 혹은 운전에만 몰두하며 머리를 쉴 수도 있는 차 안이 편안해서다. 그와 반대로 집이나 직장에서 풀지 못했던 스트레스와 분노를 운전하며 폭발하는 이들도 있다. 평소엔 유순하고 참을성 많은 사람도 운전대만 잡으면 급해지고 신경질적으로 되는 경우, 참 많이 봤다. 같은 이유지만 오직 혼자 있는 좁은 자동차 안에서만이라도 마음대로 하고 싶기 때문이다. 얄랑하고 얄궂지만, 현대사회에서 자동차는 심리적 요람 역할을 한다.

중년이 되면 여자건, 남자건, 외롭다. 인생이 다 그런 거라고 하지만 중년이 되니 특별히 더 외롭다. 어느 날 갑자기 훅 외로움이 치민다(외롭지 않은 자여, 그렇다면 그대는 아직 중년이 아니다). 친하다고 생각하는 이에게도 섭섭함이 생기고, 늘 해오던 일도 느닷없이 권태롭다. 즐겨 가던 곳도 괜스레 시큰둥해지고, 집에 처박혀 있자니 온몸이 아픈 것만 같다. 어딘가 나가자니, 갈 데도 없다. 마음이 이끌리는 곳이 없다.

미국의 도시사회학자이자 웨스트 플로리다 대학교 명예교수인 레이 올든버그는, 가정과 직장 이외에 사람들이 자연스럽게 만나 교류하는 데 필요한 제3의 장소[1]가 있어야 한다고 주장한다. 제3의 장소란 아무런 관계도 없던 사람들을 서로 어울리게 하는

---

1   레이 올든버그 저, 김보영 역, 『제3의 장소』(2019).

'또 하나의 집'을 말한다. 즐거움이 있고 친밀감이 있으며, 민주적인 공간을 뜻한다. 카페나, 술집, 각 지역의 커뮤니티 시설들도 그런 곳이라 할 수 있다. 물론 우리 사회에 그런 곳은 많다. 하지만 의외로 중년들이 편히 갈 곳이 없다. 아이들은 아이들끼리 모이는 곳이 있고, 젊은이들은 아예 젊은이의 거리라 불리는 곳이 있다. 어르신들은 또 어르신들끼리 모여 시간을 보내는 장소도 있다. 아이들이 아직 어린, 젊은 부모들은 아이들을 데리고 놀이공원에라도 간다. 이제는 아이들을 데리고 같이 시간을 보내 줘야 할 의무도 사라진 중년들은, 갈 곳이 없다. 그래서 주야장천 산으로 간다.

물리적인 공간이 있어야 심리적인 공간도 생긴다. 집 밖에서 찾지 못하면, 집 안에서라도 만들자. 나만 혼자 있을 곳을 만들어보자. 거창한 방이 아니어도 좋다. 작은 텃밭도 좋다. 나만이 오롯이 머물 수 있는 곳을 정하고 그곳을 사용할 시간대를 마련해 보자. 가족 그 누구에게도 방해받지 않는 시간대가 좋겠다. 그곳에서 책을 읽어도 좋고, 유튜브를 봐도 좋다. 꽃을 가꾸어도 좋고, 걸어도 좋다. 혼자 머무름이 중요하다. 조용히 혼자 있으면서 경험하는 정신적인 자유가 중년을 위로한다. 그동안 치열하게 살았던 나를 토닥토닥해주는 장소와 시간은, 우리 모두의 출발점이었던 자궁과 같은 역할을 해준다. 따뜻하고 고요한 곳. 우리 그곳에서 다시 태아가 되어 보자.

중년은 나를 양육할 시간이다. 그동안 중년들은 아이들을 길러냈고, 부모를 살폈다(현재 진행형도 많을 터). 각자의 일터에서 생존을 위해 이 악물고 버텼다. 자신을 돌볼 시간도 적었고, 그럴 만한 공간은 더욱 없었다. 어쩌면, 혼자 머물러 있는 일을 낯설어하거나 힘들어하는 중년도 있을 수 있다. 지금껏 사람에 둘러싸여 늘 번잡했던 중년이라면, 혼자 있는 시간이 버거울 수 있다. 조금씩 시도해 보자. 아주 잠시만이라도 차분해지는 시간을 가져보자. 살면서 구겨지고, 빈틈이 생겨버린 나의 내면을 돌봐줄 이는, 오직 나다.

솔직히 아직도 남편의 방인 '창 넓은 방'을 호시탐탐 노린다. 그 방에선 하늘이, 구름이, 계절의 흐름이 참 잘 보인다. 글이 절로 써질 것만 같다. 아쉬운 대로 가끔 그 방에서 세월 공기가 바뀌는 걸 바라다본다. 부럽지만, 그걸로 됐다. 세상 어디에도 퇴직한 남성들이 온전하게 위로받을 수 있는 곳은 없다. '창 넓은 방'에서 남편이 자신을 위로하고 살피며 노년을 조망할 수 있다면 참 좋겠다. 그 안에서 내면을 돌볼 수 있다면 더 바람이 없겠다.

나도 언젠간 '창 넓은 방'에서 하늘을 보며 글을 쓰는 날이 오기를, 꿈꿔 보련다.

중년엔 뭐든 과하면 안 된다. 탈이 자주 난다. 음식도, 인간관계도, '창 넓은 방'도.

2부

7년, 엄마의 엄마가 된 시간

3 부양과 돌봄의 수레바퀴

무너지는 엄마를 보는 게
견디기 힘들었다

7년. 엄마와 나의 역할이 완전하게 바뀐 시간이었다. 엄마의 정신이 온전했을 때도 돌봐드리긴 했지만 인지증[1]이 엄마를 서서히 잠식시켰던 7년 동안 나는, 엄마의 엄마로 살았다. 형제자매 없는 내게 엄마는, 오로지 혼자 감당해야 하는 짐이었다. 다정한 모녀 관계였다면, 글쎄, 덜 힘들었을까. 늘 삐걱댔던 우리는, 인지증 앞에서 와해돼 버렸다. 엉켜버린 감정을 녹일 시간도, 서로를 애틋하게 여길 겨를도 없이 우린, 같이 서서히 무너졌다.

아버지가 돌아가시고 엄마는 17년을 혼자 지냈다. 인지증으로 완전하게 아팠던 7년을 제외하면, 엄마는 아버지와 같이 살았던 집에서 10년 동안 혼자 TV를 보고, 밥을 먹고, 잠을 잤다. 자주

---

[1] 치매. 우리나라보다 노인 문제 대책 마련에 일찌감치 노력을 기울였던 일본은 2004년 치매의 공식 명칭을 '인지증'으로 바꿨다. 어리석음이라는 뜻의 치매라는 용어를 인지증이라 함으로써 인식부터 바꾸고자 노력한 것이다.

들르긴 했지만, 엄마의 생활 행간에 박힌 외로움은 알아채지 못했다. 아니, 알려고 하지도 않았다. 엄마는 아버지가 떠나고 남겨진 시간 동안, 흔들림 없는 꼿꼿함으로 자신을 지켰고, 틈을 보이지 않았다. 엄마의 냉정한 단단함이 질리도록 싫었지만, 한편으론 다행이었다. 내게 의존하지 않는 것이 도와주는 거였다. 그때의 나는, 시집살이와 엄마 돌봄 사이에서 등이 터질 것만 같았다.

엄마의 병은, 조금씩 천천히 나빠졌다. 햇볕이 좋은 날, 엄마는 성치 않은 다리로 혼자 집 밖에 나갔다가 지갑을 잃어버리고는 어디에다 두었는지 기억하지 못했다. 비가 오는 날엔 내게 전화를 걸어 자신을 들여다보지도 않는다고 신경질을 부렸다. 바람이 몹시 불던 날, 엄마는 화장실에 갔다가 뒤로 넘어져서 뒤통수가 깨졌다. 무심한 목소리로 자기 머리에서 피가 자꾸 흐른다며 왜 이러는지 모르겠다는 말을 끝으로 전화를 끊어, 난리가 난 적도 있었다. 자꾸만 엄마에게서 이상한 일들이 벌어졌다. 그즈음, 엄마는 경도인지장애를 판정받았다. 우리의, 말할 수 없이 힘겹고 지루한 시간이 본격적으로 시작됐다.

더는 엄마를 집에 혼자 둘 수 없었다. 그렇다고 엄마와 한집에 살며 수발할 수도 없었다. 자신의 컨디션이 제법 좋을 때 엄마는, 내게 먼저 요양센터 이야기를 꺼냈다. 그곳으로 가서 살아야겠다고. 반대하지 않았다. 워낙 의존적이지 않은 엄마이기도 하고, 나 역시 엄마를 모시며 살고 싶지 않았다. 그래서 그러자고 했다. 세상에! 엄마는 자신이 가게 될 요양센터 두어 곳을 점찍어 이미 전화로 사전 답사를 끝내 두었다. 그리고 망설임 없이 한곳을 지정했다. 그 이후, 엄마의 상태는 점점 나빠졌고, 우리는 예정대로 엄마가 원하는 요양센터에 입소했다. 엄마를 두고 돌아오는 길, 고려장 보낸 자식처럼 하염없이 울었다. 엄마, 엄마, 부르며 울다 목이 쉬었다.

엄마는, 조용하지도, 착하지도 않은 인지증을 앓았다. 하루는 요양센터에서 전화가 걸려왔다. 시간이 되면 잠시 다녀가란다. 목덜미가 뻣뻣해졌다. 무슨 일인지 물으니 오면 말해 주겠단다. 하던 일도 중단하고 달려갔다. 엄마는 평온한 얼굴로 자신의 침대에서 낮잠을 자고 있었다. 오만 가지 상상으로 벌렁대는 심장을 겨우 진정시키면서 운전하고 왔는데, 엄마는 말간 얼굴이었다. 화도 나고 기운도 빠졌다. 일단 어떤 일이 벌어졌는지는 알아야 했다. 숨을 고르고 센터장 방으로 들어갔다. 친절한 센터장에게 그동안 있었던 일련의 소동에 대해 소상하게 전해 들었다. 가히 놀라웠다.

엄마는 공격적이었다. 때때로 온화한 적도 있었지만 대부분 지나치게 분노하고, 과격했다. 그 당시 엄마는 2인실을 쓰고 있었다. 엄마의 강력한 요구로 창가 침대는 항상 본인 차지였다. 엄마는 절대 방 출입문 옆 침대를 쓰지 않았다. 센터 측에서 돌아가며 쓰길 권했지만, 엄마는 완강했다. 그 이후 사건 사고는 끊이지 않았다. 같은 방을 쓰는 할머니를 못살게 했고 싸움도 걸었다. 결국, 센터에서는 엄마와 룸메이트 할머니를 분리 조치했다. 지금 생각하면 2인실을 혼자 쓰려는 엄마의 큰 그림이었을지도 모르겠다. 물어보지 않아서 모르겠지만. 센터 측에서는 자꾸만 문제를 일으키는 엄마 때문에 보호자인 나를 호출한 거였다. 할 수 있다면 엄마를 자제시켜달라는 부탁(이게 가능한 일인가, 인지증인데…)을 하기 위함이었다.

  미안하다고 연신 사과했다. 센터장 방을 나오면서 발이 무척 무거웠다. 아마 심장이 제멋대로 움직일 수 있다면 그날은 발끝 부분에 가 있었던 것 같다. 엄마의 이상행동이, 도중에 불려온 내가, 이 모든 걸 의논할 사람 하나 없이 감당해야 하는 이 시간, 모두가 절망적이었다. 어떻게 이 마음을 수습해야 할지 몰라 잠시, 센터장 방을 나오고서도 머뭇거렸다. 아무 일 없다는 듯 평온한 얼굴로 자는 엄마에게 어떤 말을 해야 하나, 생각하다, 답도 내리지 않고 엄마를 만났다. 머릿속으론 엄마를 그저 다독여야 한다고 마음먹었는데 입을 타고 본심이 흘러버렸다.

  "엄마! 내가 언제 엄마를 학교에 불려가게 한 적 있어? 나한테 왜 이러는 거야? 엄마 때문에 내가 미쳐 버릴 것 같아!"

소리치는 바람에 깜짝 놀라 잠에서 깬 엄마는, 언제 왔냐며 씩 웃었다. 어찌나 폭풍같이 소릴 쳤던지 간호사와 요양보호사들이 달려왔다. 내가 온 게 그저 반갑기만 한 엄마는 나를 보고 웃고, 일어났던 모든 일이 속상한 나는, 엄마를 보고 울었다. 그 이후로도 자잘한 일들이 자주 일어났다. 그때마다 나는 미안해하며 사과해야 했다. 그거밖에 할 수 있는 게 없었다. 엄마가 미웠다. 어린 시절, 내가 원할 때 자리를 비웠던 엄마가 미웠다. 이젠 원치도 않은 일로 자신 곁을 지키게 만든 엄마가 미웠다. 그때의 나는, 세상도 미웠다. 나만 이렇게 힘들게 사는 것만 같았다. 알콩달콩 재밌게 사는 이들은 모두 다 미웠다. 눈꼴 사나워서 늘 전투적이었다. 미움은 모여서 덩어리가 되더니 마음을 딱딱하게 만들었다. 돌이 되어 몸 안에서 굴렀다.

　엄마의 엄마 노릇은 할 게 못 됐다. 점점 나를 못 알아보기 시작했다. 공손하게 내게 존댓말을 했다가 욕도 했다. 내가 앞에 있는데도 나를 보고 싶어 하기도 했다가 어느 날은 보자마자 화를 내고 소리를 질러, 엄마를 만나러 간 지 5분도 안 돼서 도망치듯 나온 적도 있었다. 시간이 흐를수록 엄마는, 병세가 심해졌다. 점점 엄마를 만나러 가는 게 싫었다. 하루는 엄마를 만나러 가는 길에 눈이 엄청 많이 내렸다. 길이 얼어붙기 시작해서 가다가 못 가고 돌아와야 했다. 다행이란 말이 절로 툭 튀어나와 깜짝 놀랐다. 무너지는 엄마를 보는 게 견디기 힘들었다. 그때를 계기로 일주일에 정기적으로 갔던 의무적인 면회를 비틀었다. 2주에 한 번도 갔고, 3주에 한 번도 갔다. 조금 숨통이 트였다.

언제까지 이렇게 힘들어야 하나, 희망 없는 긴긴 시간이 속절없이 갔다. 엄마가 요양센터에 입소하면서 7년을 지내는 동안, 휴일도 없었고 여행은 언감생심이었다. 무슨 일이라도 생기면 바로 달려가야 하기 때문이었다. 요양센터에 있으면서 엄마의 건강상태는 널을 뛰었다. 워낙 지병도 많은 탓에 응급일 때도 있어 언제 요양센터에서 호출할지 몰랐다. 그랬기에 대기 상태를 유지하고 있어야 했다. 긴장으로 굳어진 삶이었다.

그나마 버틸 수 있었던 건, 엄마가 자신의 노후를 대비해 둔 덕분이었다. 하는 일마다 끝까지 가지 못하고 결국 실패한 아버지 때문에 가정 경제를 책임졌던 건 엄마였다. 생활력과 영리함이 있는 엄마는, 자신의 미래를 생각하고 재테크를 잘해 두었다. 그렇기에 내가 엄마를 살피는 데 경제적 어려움은 크게 없었다. 다만 외동딸이다 보니 엄마와 관련된 모든 일은 다 내 책임이었다. 만약 엄마를 수발하는 데 돈의 쪼들림이 많았다면 우리의 관계는 더 심각해졌을지도 모르겠다. 돌봄이 노동이 되는 건, 심리적, 육체적, 그리고 경제적 문제가 서로를 끌어당기듯 끈적하게 뭉쳐져 우리 삶에 던져졌기 때문이다. 노인을 부양하고 돌보는 일은 마음만으로 되지 않는다. 엄마는 오래전부터 그 사실을 알고 있었나 보다.

그러니까 엄마의 인지증 앞에 놓였던 그때, 나는 마흔 초반이 었다. 삶에서 하고 싶었던 것도 참 많고 즐겁고도 싶었다. 깔깔대고 떠들다가도 웃음 끝엔 항상 묵직했다. 내가 이렇게 웃어도 될까. 편안해도 되나. 엄마는 아픈데 나만 신이 나도 될까. 죄책감이 들어 몸이 움츠려졌다. 마음은 쪼그라들었다. 그리고 조급했다. 이렇게 웃을 시간에 엄마한테 한 번이라도 더 가서 손잡아 줘야 하는 건 아닌지, 엄마가 이대로 떠나버리면 나는 얼마나 후회할까, 우리 둘에게 놓인 시간이 얼마 남지 않은 것 같아 늘, 조바심을 냈다. 그런 심정으로 7년을 살았다.

지금 생각하니 그때 난 젊었다. 그랬기에 엄마를 수발할 수 있었다. 중년이 된 지금 병든 엄마를 수발해야 한다면, 못할 것 같다. 마흔 초반에는 엄마의 휠체어를 번쩍 들어 차에 실을 수 있었다(휠체어가 생각보다 무겁다). 중년은 가만히 있어도 손목이 아프다. 이런 손목으로는 퇴행성 관절염이 심해 다리를 거의 쓰지 못했던 엄마를 안아서 차에 앉히지도 못한다. 무엇보다 인지증으로 인한 병리 증상을 지금은 감당하기 힘들다. 갱년기 딸과 인지증인 엄마, 생각만 해도 아찔하다.

엄마는, 나를 알아보았다가, 말았다가를 반복했고, 비슷한 상황은 늘 자잘하게 일어났으며, 별다를 것 없는 매일이 지나고 있었다.

그러다, 우리에게 쓰나미 같은 시간이 덮쳤다.

가끔은 엄마에게
전화나 한 통 넣어보고 싶다

엄마가, 곡기를 끊기 시작했단다. 연락을 받고 달려가니 엄마의 눈은 자꾸만 허공을 맴돌았고, 내 손을 잡을 기력도 없었다. 맥을 놓으려 하고 있었다. 엄마를 크게 불러도 나를 알아보지 못했다. 처음 겪는 일이었다. 우리 엄마 같지 않았다. 엄마는 언제부턴가 나를 보기만 하면 화를 냈고, 잘 웃지도 않았다. 신경질로 가득한 얼굴이었지만 그래도 식욕은 좋았다. 그것만으로 다행이라 여겼다. 그렇게라도 엄마가 존재하기를 바랐다. 좋지 않은 예감이 들었다. 그런 느낌은 항상 맞아떨어진다. 잔인하게도. 엄마와 내가 조만간 같은 곳에 있지 못할 것 같은 예감, 슬프기도 했고, 무섭기도 했다.

요양병원으로 엄마를 옮기고 지냈던 7개월은, 요양센터에서 지낸 7년보다, 최악이었다. 요양병원에 입원한 첫날부터 엄마는, 무너졌다. 더는 휠체어를 타지 못했고 스스로 밥을 먹지도 못했다. 아주 드물게 나를 알아보는 것 같았지만 그것도 확실하진 않았다. 엄마가 내 쪽으로 얼굴을 돌려 잠시 눈을 맞췄으니 알아보는 것처럼 내가 느낀 것뿐이었다. 잠시 곡기를 끊었던 엄마는 병원의 수액 처치 덕분에 아주 조금씩이나마 음식을 먹을 수 있었다. 그럼에도 엄마의 몸은 자꾸 작아졌다. 내 팔보다 엄마의 다리가 더 가늘었다. 엄마가 조금씩 조금씩 사라져갔다.

침대에만 누워 지낸다고 엄마가 문제를 일으키지 않은 건 아니었다. 요양센터에서 했던 과격한 행동은 나오지 않았지만(기력이 없어 하지 못한 것이겠지만), 갑자기 괴성을 질러 간병인이 놀란 일도 있었다. 밤에 이유도 없이 아기처럼 울어 병원 측에서 난감해한 적도 있었다. 이러다 병원에서 나가라고 하면 그땐 어쩌나 하는 걱정도 했다. 엄마를 지켜보고 있으면 내가 오그라지는 느낌이 들었다. 엄마 앞에 있으면, 땅에 붙은 껌이 됐다.

그러던 어느 날, 담당 의사가 나를 찾았다. 정말 병원에서 나가라고 하는 건 아닌지 걱정했다. 죄송하다고 머리를 조아리는 일에는 익숙해졌다. 비굴한 웃음 짓기를 담당 의사 방 앞에서 연습한 뒤, 조마조마한 마음으로 들어가 의사 앞에 앉았다. 뜻밖의 이야기가 나왔다. 엄마의 연명 시술에 관한 설명이었다. 위급한 상황일 때 처치하는 연명 시술에 관한 설명을 한참이나 했다. 아니 짧게 했을지도 모른다. 사실 그 설명이 귀에 잘 들어오지 않았다. 그때까지 난 한 번도 엄마의 '연명 시술'에 대해 생각해 보지 않았었다. 엄마한테 물어보고 와도 되냐고, 의사에게 말할 뻔했다. 혼자, 결정해야 했다. 엄마의 목숨을 내가.

'연명 시술 포기 각서'에 사인했다. 담당 의사의 방을 나와 복도 모퉁이에서 주저앉아버렸다. 내 울음소리가 복도를 울리며 내 귀에 들렸다. 그때 나는, 엄마를 포기하고 나왔다. 잘한 일인지 잘못한 일인지 엄마 생각을 듣고 싶었다. 왜, 나 혼자 이런 결정을 하게 만드는지, 엄마에게 따지고 싶었다. 그리고 정말로 묻고 싶었다. 내가 밉지 않냐고. 살고 싶지 않냐고. 엄마라면 똑같은 상황에서 나를 포기했을까. 엄마라면 생존 가능성이 희박한 나를, 힘겹게 살려두었을까. 자책과 합리화를 반복하다, 그날, 나는 엄마와 처음으로 이별을 시작했다.

엄마의 상태는 날이 갈수록 나빠졌다. 적은 양이나마 먹었던 식사(미음이긴 했지만)도 하기 힘들어졌다. 입원 초기에는 침대에 앉아 있던 날도 있었는데 어느 날부터 누워만 지냈다. 목소리도 나오지 않았고 보이지도 않는 것 같았다. 엄마 손을 잡으면 부서질 것만 같아 조심스러웠다. 서서히 엄마 몸의 반응이 줄어들고 있었다. 욕창이 생기지 않게 간병인이 애를 써 주었지만 자고 나면 자라는 여름날 잡초처럼 부스럼 꽃이 엄마 몸을 타고 올랐다. 누에고치가 탈피하고 나비가 되듯, 부스럼으로 뒤덮인 피부를 벗고 엄마가 뽀얗게 날아오르는 환각이 눈앞에 피었다. 엄마가 아름답게 떠나기를 바랐다.

계절이 바뀌니 엄마 상태도 오르락내리락했다. 엄마의 혈압과 맥박은 수시로 불안정했다. 심각하게 수치가 떨어졌다가도 정상

치까지 올라왔다. 그럴 때마다 나는 병원으로 불려 갔다. 일을 제대로 할 수가 없었다. 잠을 자도 계속 깨어있었던 양 각성 상태였다. 신경은 곤두서서 나를 찔러댔다. 전화벨 소리에도 자주 깜짝 놀랐고 부재중 전화가 찍혀 있는 것조차 떨렸다. 침이 마르는 시간 속에 살았다. 이러다 어쩌면 엄마보다 내가 먼저 가겠다, 싶었다.

주말이면 엄마를 돌보는 간병인도 쉬어야 했다. 요양병원으로 오고 나선 주말은 거의 빠지지 않고 내가 엄마를 돌봤다. 엄마의 기저귀를 갈았고, 두 시간에 한 번은 자세를 바꿔주었으며 입이 마를까 봐 거즈로 입을 적셔주었다. 글로 이렇게 써보니 아주 매끄러운 행위 같다. 실은 엄마와 같이 있는 시간이 참을 수 없이 싫었다. 엄마가 내 삶의 시간을 갉아먹고 있는 것 같아 견딜 수 없었다. 그런 말이 있다. 사람이 죽기 직전까지 귀는 열려 있다고. 먹지도, 말하지도, 볼 수도 없지만 아직은 들을 귀를 가진 엄마에게, 참아야 할 말을 숨 내뱉듯 말해 버렸다.

"엄마, 제발 이제, 그만 가. 내가 너무 힘들어."

들었을까. 못 들었겠지. 그 말을 뱉어버리곤 놀라서 병실 밖으로 휙 나가버렸다. 한참을 밖에서 서성이다가 병실 방문을 빼꼼하게 열고 안을 가만히 들여다보았다. 화가 난 엄마가 벌떡 일어나 앉아 있을지도 모를 일이었다. 까치발을 들고 들어간 병실, 아무 일도 일어나지 않았다. 공기도 변하지 않았다. 도망치듯 나가기 전 바꿔놓았던 그 자세로, 엄마는 여전히 눈을 감고 있었다. 지금껏 엄마와 치열하게 다투면서도 해본 적 없던 말이다. 엄마에게 했던 가장 모질었던 말이다. 살아있던 엄마에게 한 나의 마지막 진심이었다.

나만 빼고 세상은 연말연시로 들떴다. 반짝였고 예뻤다. 그 세상 속에서 나만 혼자 회색으로 가라앉아 있었다. 아무런 약속도 제대로 잡을 수 없었다. 틀어박혀 있는 내게 친구들은 잠시만이라도 얼굴 보자며 자꾸만 나오라 했다. 그래, 연말인데, 점심 식사 정도는 괜찮겠지, 친구들과 오랜만에 만났다. 세상 사는 이야기와 농담이 섞여 모처럼 웃을 수 있었다. 꽉 조였던 심장이 조금 느슨해졌다. 숨통이 트였다. 꼭, 하필, 그때 병원에서 전화가 걸려왔다. 아까도 말했다. 안 좋은 예감은 꼭 맞는다고. 담당 의사였다. 오늘 밤을 못 넘기실 거란다. 준비하고 병원으로 오라고 했다. 나의 통화 표정으로 이미 상황을 읽은 친구들은 아무런 말도 하지 않았다. 힘겹게 겨우 웃으며 친구들에게 말했다. 우리, 장례식장에서 보자, 벌써 눈물을 글썽이는 친구 때문에 마음을 다잡기 힘들었다.

담당 의사는 임종이 가까워지면 전화를 하겠으니 집에서 대기하라고 했다. 가만히 앉아 있지도 서 있지도 못하고 집안을 계속 서성거렸다. 모든 게 비현실적이었다. 엄마가, 세상에 없을 거란다. 앞으로 영원히, 엄마를 보지 못할 거란다. 뭘 어떻게 해야 좋을지 몰라 주먹만 쥐었다가 폈다. TV를 켰다가 껐다. 지독한 조용함이 견딜 수 없어 다시 TV를 켜니, 밤 9시 뉴스를 막 시작하려 하고 있었다. 앵커의 목소리와 동시에 전화벨이 울렸다.

무슨 생각을 하며 달려갔는지 모르겠다. 도착하니 엄마 몸에 달린 기계들은 저마다 삑삑 소리를 냈다. 엄마가 살아있음을 알리는 기계 속 선들은 요동을 쳤다. 의사는 조용히 다가와 엄마가 가실 시간이 됐다며, 잘 보내드리라 했다. 무슨 말이지. 그러니까 엄마가 죽는다는 거잖아. 기계 소리만 요란할 뿐, 엄마는 잠자는 것 같은데. 흔들어 깨우면 엄마가 일어날지도 몰라. 허황하고 가당치 않은 소망으로 엄마 옆에 앉았다. 나와 함께 엄마를 지키고 있었던 간병인도 까무룩 잠이 들고, 연말 회식 도중 달려온 남편도 병원 소파에서 눈을 붙였다. 나 혼자 들쭉날쭉 대는 엄마의 생명선들을 뚫어져라, 바라보고 있었다. 엄마 곁에 앉은 지 꼬박 4시간이 지났다. 새벽 2시. 엄마의 기계음이 멈췄다.

엄마가 죽었다. 의사가 사망 선고를 내리면서 더 확실해졌다. 나의 엄마로 살던 사람이, 죽었다. 엄마의 엄마 노릇이 끝이 났다. 이 땅에서 맺었던 우리의 인연도 끝이 났다. 엄마의 장례를 치르는 동안 엄마 생각이 나지 않았다. 찾아온 조문객을 맞느라 얼이 나갔다. 장례는 슬픈 축제다. 한 사람이 이 땅에 살았던 흔적을 마무리하는, 애달픈 예식이다. 살아있는 이들과 인사하고 그들을 대접하며 삼 일을 보내느라 상주인 나는, 정작 죽은 이를 애도할 틈이 없었다. 눈으로 얼어붙은 땅을 가까스로 파고 엄마를 묻으며(엄마와 아버지가 묻힌 곳은, 매장만 가능한 곳이다), 그제야 처음으로 목 놓아 울었다. 엄마, 엄마, 땅속으로 들어가는 엄마를 내려다보며 뱃속이 끓도록 울었다. 칼바람을 타고 흩날리는 눈이 얼굴에 닿아 내 눈물과 뒤섞여 입안으로 들어왔다. 차갑고도 짠 이별이었다.

　엄마 없는 생활을 시작했다. 생각하면 항상 명치 끝에 뭔가 걸려 있는 것 같이 답답하고 더부룩한 엄마였는데, 없는데도 시원하지가 않았다. 엄마는 죽었는데, 아무렇지도 않게 좋은 일은 생겼고 웃을 일도 있었다. 기쁘게 축하받을 일도 찾아왔다. 그냥, 세상에 엄마만 없다. 살아있는 내 삶은 이어지고 있었다. 처음부터 그랬던 양, 살아가고 있었다. 엄마 없는 생활은 대부분 견딜 만했지만, 가끔 지독하게 슬펐다. 꽃을 보고 울었고, 엄마 생각에 웃었다. 나는, 또 살아간다.

　엄마한테 전화나 한 통 해보고 싶다. 이곳 떠나, 간 곳은 살만한지, 궁금하다.

　아주 가끔은 내 생각을 하는지도.

부모를 돌보다
자기 돌봄은 뒷전

30대부터 했던 부모 돌봄이 50대 초반에 끝이 났다. 내 친정 부모와 시부모, 노인 네 분은 한결같이 아팠고, 돌봐야 했다. 서로가 지쳐 견딜 수 없을 때, 하늘로 한 분씩 돌아갔다. 그중 시어머니 한 분만 주무시다 가셨다. 고관절을 다쳐 잠시 간병한 적은 있지만, 세 사람에 비하면 아주 양호하셨다. 나의 어른들은, 그나마 돌봄에 있어 경제적인 고통은 줄여주었다. 노후를 대비해 주셨던 덕분이다. 큰 가르침을 남겨주셨다.

부모와 나이 차가 큰 탓에 나는 친구들보다 부모 돌봄을 일찍 시작했고, 끝이 났다. 이제야 슬슬 다들 나이 든 부모를 돌보느라 지쳐가고 있고, 보내느라 애를 쓴다. 중년의 몸들은 자신을 돌볼 여유가 없다. 늙으신 부모의 아픔 앞에서 내 몸이 먼저라고 말할 순 없지 않은가. 차일피일 미루다가 병이 깊어진다. 중년들은 부모를 돌보다, 자기 돌봄은 뒷전이 된다. 그렇다고 자식들에게 훗날 자신을 돌봐 달라는 말도 하지 못한다. 힘듦을 대물림하고 싶지 않아서다.

V는, 얼마 전 대장암 진단을 받았다. 자신의 병을 확인받는 순간, 가장 먼저 아버지가 생각났단다. 일주일에 세 번, 투석을 받는 홀로 계신 아버지를, 자신이 없으면 누가 돌보나 하는 걱정이 가장 먼저 들었다고 했다. 다른 형제들이 있지만 다들 멀리 살아 아버지 수발이 힘들다. 오직 자신만이 아버지를 살필 수밖에 없다. V는 자신의 병을 가족들에게 일단 말하지 않기로 했다. 특히 아버지에게는 더욱 비밀이다. 늘 미안해하시는 아버지인데 자신 때문에 더 신경 쓸까 봐서다. 아내와 하나밖에 없는 아들에게도 말하지 못했다. 아내 역시, 인지증을 앓고 있는 친정어머니를 돌보느라 정신이 없다. 언젠간 아내에게는 말해야 한다고 생각은 하지만 그때를 언제로 정해야 할지 모르겠다고 했다. 아들에겐 말하기가 싫단다. 병든 자신을 돌보는 아들을 떠올리면 무척이나 힘들다. 물론 아들은 자신의 병을 아는 순간, 모든 걸 다 포기하고 옆에 있으려고 할 거다. V는 아버지를 수발하며 겪은 걱정과 슬픔과 고단함을 똑같이 겪게 하고 싶지 않다고 했다.

철학자 마르틴 하이데거(Martin Heidegger)는 돌봄을 의미하는 단어 '조르게(sorge)'[1]에 대해 이렇게 말했다. 돌봄은 그저 타인을

---

1 매들린 번팅 저, 김승진 역, 『사랑의 노동』(2022).

위한 태도만이 아니라 인간을 위한 감수성과 이해력을 포함한다고. 생명을 돌보는 일은, 그의 삶 전체에 관여하며 헌신하는 일이다. 마음을 상대에게 오롯이 던져야 가능한 일인 거다. 그 정도에 따라 돌보는 이는 견디기 힘든 괴로움을 경험하게 되기도 한다. 그래서 돌봄이라는 단어, '조르게(sorge)'는 슬픔을 뜻하는 'sorrow'와 어원이 같다. '돌봄'의 밑바닥에는 어깨를 누르는 부담과 참기 어려운 서글픔이 견고하게 층을 이루며 깔려 있다. 시간이 지날수록 피로로 지친 책임감은 돌보는 이의 삶을 무디게 한다. 돌봄으로 인해 물기 없는 영혼이 된다.

  Q는, 홀아버지와 함께 산다. 한 번도 결혼 경험이 없는 중년이다. 위와 아래로 있는 오빠와 동생은 결혼했지만, 자신은 쉽지 않았다. 살면서 두 번 정도 결혼할 뻔한 기회는 있었다. 그때마다 번번이 어긋났다. 한 번은 자신의 부모가 반대했고, 한 번은 파혼을 당했다. 처음에 결혼하려던 사람은 경제적인 힘이 빈약하다는 이유로 엄마가 강력하게 반대해서 결국 헤어졌다. 몇 년 뒤, 교제하던 사람과 결혼 이야기까지 나왔고 약혼까지 했다. 그 과정도 쉽지 않았다. 힘든 시간을 잘 넘겨오며 약혼 반년 후 결혼하기로 했는데, Q의 엄마가 갑자기 돌아가셨다. 설상가상 아버지까지 병을 얻게 됐다. 홀로 남겨진 아버지를 어찌할 수 없어 결혼할 남자에게 아버지를 모시고 살자는 이야기를 하니 남자의 태도는 급변했다. 결혼 이야기는 없던 일로 하자고 했

다. 둘은 결혼 한 달을 앞두고 헤어져 버렸다.

　그 이후 Q는 아예 결혼을 포기했다. 파혼당한 후 상심이 무척 컸지만, 마음을 돌볼 여력이 없었다. 아버지는 엄마가 돌아가신 후 급격하게 건강이 안 좋아져 누군가 살피지 않으면 안 될 지경이 됐다. 하루의 일과는 아버지의 간병으로 시작해서 간병으로 마무리됐다. 오빠와 여동생이 돕긴 했지만, Q에겐 새 발의 피 같은 도움이었다. 주 간병은 늘 Q의 몫이었다. 아버지를 씻기고, 먹이며 돌보는 일은 Q의 삶을 조금씩, 서서히 잠식시켰다.

　"곰팡이 알지? 처음엔 눈에 띄지 않잖아. 그런데 아주 작게 시작한 곰팡이는 알아채지 못하는 사이, 빠르고 크게 번져 결국 전체를 뒤덮지. 간병하는 일은 곰팡이 피는 일과 비슷해."

　Q는 병으로 성격마저 변해버린 아버지가 갈수록 힘들지만 정작 힘든 일은 따로 있다. 처음엔 자신을 자주, 사소하게나마 도왔던 오빠와 동생이 이젠 전적으로 자신에게 아버지를 맡기고 있다는 거다. 결혼하지 않고 남은 자신이 어떨 땐 비참하게 느껴진단다. 형제들은 각자의 시간을 가지며 여유롭게 사는데 자신은 늘 아버지의 끼니와 약을 챙기느라 외출조차 쉽지 않다고 했다. 자신이 희생양이 돼버린 것 같아 서글퍼진단다. Q는 내

앞에서 어깨를 접고 굵은 눈물을 하염없이 떨궜다. 그렇게 몇 번 얼굴을 훔치더니 아버지의 약을 챙겨야 한다며 무겁게 일어났다.

집마다 사정은 다 다르지만, 부모의 간병을 자식들이 맡게 될 때 주 책임자는 꼭 한 사람이다. 여러 명의 자식이 있다 해도 반드시 한 사람이 도맡아 하거나 희생하게 된다. 그럴 땐 경제적으로 여유 있는 자식도, 똑똑하고 잘난 자식도 아닌, 여러 명의 자식 중 가장 착하거나 혼자 있는 자식이 맡는다. 가장 힘이 떨어지는 이가 맡기도 한다. 드물기는 하지만 형제 중 말과 돈의 힘이 제일 있는 사람이 하기도 한다. Q의 경우는 안타깝게도 형제 중 결혼에서 낙오되어 아버지를 맡게 된 경우다. Q의 인생은, Q의 아버지 미래에 구속됐다.

내 경우에는 친정 부모와 시부모의 병 수발 때 핵심 인물이 있었다. 바로 간병인이다. 요양센터에서 요양병원으로 옮긴 이후 엄마는 요양보호사의 도움이 아닌, 간병인의 돌봄을 받았다. 아흔아홉으로 소천하신 시아버지에게는 집에서 함께 생활하는 입주 간병인의 돌봄이 있었다. 시아버지의 간병인은 몇 차례 바뀌는 바람에 여러 명의 간병인을 만났다. 거의 여성들이었다. 딱 2명의 남성 간병인도 시아버지를 돌봤지만, 대부분 60대 이상의 여성 간병인들이었다. 돌봄은 여성들의 일이자 일자리다.

요양병원엔 엄마의 간병인이, 집엔 시아버지의 간병인이 있었다. 시어머니가 오래전 갑자기 돌아가셔서 그 이후부터 나와 남편은 홀시아버지를 모시고 있었다. 그러다 시아버지에게도 병이 찾아왔다. 나와 남편은 모두 일을 하고 있었기에 시아버지를 전적으로 돌볼 수 없었다. 그래서 입주 간병인을 신청했다. 돌봐야 하는 대상이 남자라 꺼리는 간병인도 있었다. 간병인과 대상자 간에 불미스러운 일들이 종종 일어나고 있기 때문이라 들었다. 다행히도 오래 기다리지 않아 입주 간병인을 만날 수 있었다.

묘한 감정이 일었다. 입주 간병인을 맞는 첫날, 마치 새어머니를 맞이하는 느낌이 들었다. 시어머니가 돌아가신 후 가족 이외에 나이 드신 여성이 집에 오는 일은 없었다. 나보다 연배가 있는 간병인이 집에서 함께 살 거라는 상상은 해본 적 없었다. 간병은 이렇게 한 번도 겪어보지 않았던 일을 경험하게 되는 일이다. 나와 남편은 긴장했다. 남과 살아본 적 없는 우리는 처음이라 어찌할 줄 몰라 당황하긴 했지만, 간병인이 불편하지 않도록 마음을 썼다. 시아버지를 부탁하는 상황이라 매사에 조심했다. 혹여 간병인의 마음을 상하게 할까 봐 전전긍긍했다. 혹시라도 간병인이 기분 나쁘면 그 여파가 시아버지께 미칠 것 같았다. 시아버지와 간병인은 그럭저럭 잘 지냈다. 가족은 아니지만, 가족처럼 느낄 수 있도록, 소외감 느끼지 않도록 애를 썼다. 시아버지의 편안한 생활 속엔 나와 남편의 발버둥이 있었다. 간병은 몸과 마음을 쓰는 일이며 상대의 삶에 그 자신을 투신하는 일이다.

시아버지의 간병 생활은 생각보다 길었다. 이런저런 이유로 간병인도 바뀌었다. 그때마다 우리의 생활도 흔들렸다. 간병인을 구하는 일, 적응시키는 일, 그리고 같이 살아가는 일이 안정될 때까지 애를 써야 했다. 처음엔 남편도 시아버지를 요양센터에 보내려고 했지만 쉽지 않았다. 불안이 높은 시아버지가 낯선 곳에서 힘들어할까 봐 결국, 남편은 집에서 모시기로, 결정했다. 덕분에 간병인과 함께 살아가는 시간도 길었다. 시아버지를 씻고 먹이고 수발하는, 직접적인 간병에서 조금 자유로워져서 한편으로 다행이었다. 하지만 우리는 어른 두 분을 모시는 꼴이었다.

엄마가 돌아가시고 몇 년 뒤에 시아버지도 가셨다. 비로소 부모 간병 생활은 마무리됐다. 끝날 것 같지 않았던 생활이 끝난 거다. 아주 홀가분할 것 같았는데 그렇지도 않았다. 이제 우리 차례가 됐음을 알아챘기 때문이다. 조금씩 몸 어느 한 부분이 아프고 탈이 나면서 나이 들어감을 절감했다. 먼저 간 부모들이 떠올랐다. 그땐 그들을 위한 간병에 지쳐 영혼마저 '털리는' 것 같았다. 떠나보내고 나니 그들의 잘못이 아니었다는 걸 알게 됐다. 늙고 병들어가는 일은 어찌할 수 없는 자연의 섭리였던 거다. 그 당연함을 빨리 파악했어야 했다. 영리하게 지칠 줄 알았어야 했다.

지나간 일은 항상 후회하기 마련이다. 반성도 했다. 그때 조금 더 잘할걸, 하는 쓸데없는 자책도 해 봤다. 하지만 할 수 있는 최선을 다했다. 이제 나는, 어떻게 늙어갈 것인가, 매일매일 생각한다. 떠나버린 부모들의 삶을 발판 삼아 노년을 내다보며, 고단한 시간을 통과했던 나를 이제는 조금씩, 자주, 세심하게 위로한다.

하얗게 세고 있는 머리를 염색하러 가야겠다.

엄마에게 달려가
자랑하던 날

　엄마가 떠난 계절이 돌아오면 나는, 찬비 내리는 바다에 홀로 서 있는 아이가 된다. 등이 시리고 손이 곱는다. 남겨진 내게 겨울은 가혹하리만큼 에인다. 우리는 한 사람이 떠날 때까지 서로를 이해하지 못했다. 엄마와 나는 닮지 않았다. 사람의 성향을 한 줄로 늘어놓고 서로 비슷한 사람끼리 짝을 이루게 한다면, 우린 저쪽 끝과 이쪽 끝에 있어 만날 수 없는 사람들이다. 엄마가 원하는 딸이 되고 싶었지만 끝내 이루지 못했고, 내가 바라는 엄마를 끊임없이 요구했지만 들어주지 않았다. 우리는 그러다가 헤어졌다. 엄마가 영영 가버렸다. 마무리하지 못한 이야기가 아직 남아 있는데 엄마는 치사하게 먼저 가버렸다. 내게 하고 싶은 이야기가 있었을 텐데, 섭섭할지도 모르겠다. 우리는 이렇게 맞지 않는다.

　엄마의 등만 바라보며 커버린 나는, 엄마에게 등을 보이며 살았다. 아버지가 돌아가신 후 혼자 남겨진 엄마에게 다정한 말 한마디 하지 않았다. 실은 곁에 다가가 앉기 어려웠다. 살가움도 습관이다. 해본 적 없는 애정 표현은 나이 드니 더 하기 힘들었다. 아무리 가족이라도 말이다. 포근한 관계인 적 없던 모녀는 데면데면했다. 이나마 적당히 거리 유지를 하는 것도 다행이라고 생각하고 살았다. 엄마가 아프기 전까지는 그랬다.

오래전 엄마가 나의 엄마이기만 했고, 내가 엄마의 딸이기만 했었을 땐 엄마는 어쩌면 기쁘게 나를 씻기고, 먹이고, 바라보 앉을 거다. 반대의 처지가 된 우린 실망으로 좌절했고, 힘겨워서 슬펐다. 엄마의 엄마가 돼가고 있던 나는, 처한 상황을 받아들이기 싫었다. 곁에 있어 달라 그토록 바랐을 땐 빈자리더니 나더러는 자신 곁을 지키라고 병을 얻었다. 참을 수 없는 이기심에 화가 났다. 아무리 소리 지르고 발 굴러도 엄마는 아기가 돼갔다. 나는 엄마에게 똑같이 해주고 싶었다. 엄마가 날 필요로 할 때 곁에 없고 말 거야, 독하게 마음먹었다. 엄마의 병은 그렇게 하게끔 나를 내버려두지 않았다. 세상은, 참, 불공평하다.

엄마가 인지증을 앓게 되면서 나는, 엄마에게 하고 싶은 말을 하지 못했다. 아픈 엄마에게 속이야기를 늘어놓는 허무한 일을 하며 우리의 현실을 자각하고 싶지 않았다. 점점 어린아이가 돼가는 엄마가 미웠다. 어린 내게 무섭고 어렵기만 했던 엄마가 아프기 시작하면서 불편하고 힘들기만 한 엄마가 돼 버렸다. 아무것도 스스로 할 수 없는 엄마와 그녀의 모든 걸 챙겨야 하는 딸은, 상대방이 알아듣기 어렵게 자기 말만 했다. 고분고분 병 수발하지 않는 딸에게 욕을 '던졌고', 매번 짜증을 내는 엄마에게 신경질을 '뿌렸다'. 돌아서면 기운이 빠졌다. 하늘 아래 둘밖에 없으면서 언제까지 이렇게 팽팽하게 노려봐야 하는지 답답했다. 우리 둘의 삶의 어느 한순간만이라도 봄 햇살 같은 엄마와 맨드라미 같은 딸인 적이 있었다면, 지금 서로를 애틋하게 바라봤을까. 모를 일이다.

내 시간은 엄마의 병에 구속당했다. 내 마음은 엄마의 '병에게' 욕받이가 됐다. 무슨 이런 일이 다 있을까. 오라면 가야 하고 미운 소리를 하면 들어야 했다. 병인 걸 알면서도 화가 났다. 엄마가 일부러 저러는 건 아닐까. 내 인내심을 시험하는 것만 같았다. 어쩌면 엄마는 병이 아니라 자신 수발을 위해 나를 조련하고 있는지도 모른다는 착각이 들었다. 무슨 말을 해도 참아야지, 호흡을 가다듬고 찾아가면 엄마는 대화가 안 될 만큼 자기 세계에 빠졌다. 모처럼 다정하게 지내봐야지, 들뜬 마음으로 가면 엄마는 말도 안 되게 노여워하고 애먼 소리로 속을 긁었다. 어느 장단에 맞추면 좋을지 몰라 항상 어정쩡했다. 내가 할 수 있는 일은 입을 다무는 일밖엔 없었다. 늙고 병든 엄마를 슬프게 바라보며.

엄마는 당당하고 책임감 강한 여장부였다. 무슨 일이 생기면 다 해결하는 기운 센 해결사이기도 했다. 엄마는 내가 당신처럼 다부지고 영리하며 당차기를 바랐다. 하지만 엄마가 바란 것 중 아무것도 갖추지 못한 나는 매사에 어리바리하고 굼떴다. 엄마의 기세에 눌려 주눅이 든 아이였다. 엄마는 몰랐다. 어린 나는, 사소한 일이라도 칭찬받으면 더 잘하려 했고, 기다려주면 기대에 맞추려 노력하는 아이였다. 엄마 마음에 들고 싶어 안간힘을 썼던 아이였다. 엄마는 그걸 정말 몰랐다.

학교 성적을 잘 내지 못한 나를, 엄마는 매번 비교하며 꾸짖었다. 지금 와 생각하면 한편 이해는 된다. 그 시절 같이 컸던 사촌들은 나보다 월등한 성적을 받곤 했다. 반 등수는 당연히 1등이라 전교 등수로 말하던 이들이었다. 성적 우수상은 너무 받아 식상할 정도였다. 하나같이 공부를 잘했다. 그러니 엄마는 자존심도 상했을 거다. 자신의 딸이면 그들과 어깨를 나란히 하는 게 당연한 일이었다. 그러나 현실에서는 성적 이야기만 나오면 엄마 앞에서 작아지고 대단한 사촌들과 있으면 쪼그라드는 딸이었다. 난, 미운 오리 새끼였다.

그런데 백조가 될 기회가 생겼다. 교내 글짓기 대회에서 상을 탔던 것이다. 공부는 사촌들보다 못해도 감성은 날카로웠다. 가만히 앉아서 따뜻한 하늘을 보며 공상하기를 좋아했다. 창가에 앉아 햇볕을 쬐며 시(詩) 쓰는 일이 좋았다. 장래 희망이 아무것도 없던 내게 조금씩 꿈의 싹이 텄었다. 시인으로 평생을 살면 어떨까. 내 딴에는 아름답게 살 수 있는 일 같았다. 초등학생인 내게 시는, 생각만 하면 설레는 최초의 꿈이었다. 글짓기 상장을 내밀며 엄마에게 떨리지만 밝게 목소리 톤을 높였다. 시인이 되고 싶다고 했다.

"공부하기 싫으니까 시 쓰고 싶은 건 아니고? 그런 건 아무나 되는 거 아니니 공부나 해!"

엄마에게 상장을 보여주려고 학교에서부터 달려 힘차게 뛰던 심장이 빠르게 차가워졌다. 실망이 깊으니 눈물도 반박도 나오지 않았다. 칭찬에 대한 기대는 먼지가 됐다. 성적 우수상을 제외하고 받았던 그때의 상장들은 흔적 없이 어디론가 사라져버렸다. 내가 버렸는지, 엄마가 치웠는지 상장을 받은 직후엔 어김없이 없어졌다. 좋은 성적만이 엄마의 칭찬 대상이었다. 결국, 대학을 졸업할 때까지 칭찬은 없었다. 엄마가 맑은 숨을 쉬는 순간까지 한 번도 없었다.

잘난 오리들 틈에 파고들지도 못했고 우아한 날개를 한껏 펼친 백조도 되지 못한 채 대충 살았다. 다행스럽게도 시간만은 누구에게나 공평했으므로 사촌들도 나도 나이를 함께 먹었다. 성적이 하늘 근처에서 맴돌아 명문대학을 졸업한 그들은 내 예상보다 평범하게 살고 있다. 그게 참 놀랍다. 그 정도 성적으로 죽살았으면 적어도 나라의 녹을 받고 국가 어느 기관의 장으로 살 줄 알았기 때문이다. 참 안도가 된다. 노인으로 향해 가는 사촌들의 지금 인생이나 내 삶이나 크게 다를 바 없다. 우린 똑같이 늙어가고 아프며 살기 때문이다.

그런데 나이가 들고도 나는 여전히 엄마의 칭찬을 받고 싶은 마음이 있었던 것 같다. 박사학위를 받은 뒤 엄마에게 달려간 날이 종종 기억난다. 살아있을 때 받지 못한 칭찬을 이제야 받을까 싶어 박사학위증을 품에 안고서 눈 속을 가까스로 뚫고 달려갔다. 그날도 엄마가 떠난 날처럼 눈은 머리 위를 덮고 어깨에 얹혔다. 손과 발이 꽁꽁 언 채 엄마를 불렀다. 엄마가 말려서 시인은 되지 않았지만(못했지만) 그래도 박사는 됐노라 자랑했다. 엄마는 내가 상장을 받았던, 그날처럼 싸늘했다. 엄마도 나도 하얗게 눈을 뒤집어쓴 채 더는 아무 말 하지 않았다. 간 사람은 말이 없고, 산 사람도 할 말이 없다. 안간힘을 쓰며 칭찬받으려 여기까지 왔는데 엄마는 떠나고 없다. 무덤 위에 올린 박사학위증만 젖었다.

울퉁불퉁 엄마가 튀어나왔다. 그토록 싫어했던 엄마의 냉정한 모습이 어느 순간 내게 보일 땐 입술을 깨물며 후회했다. 단호하고 다부진 모습을 내 안에서 발견했을 땐 엄마 같아서 좋았다. 엄마 모습이 내 삶에 촘촘하게 박혀 있었다는 걸 중년이 되어 알았다. 그때는 틀렸지만, 지금은 맞는 일들이 자꾸만 생겼다. 엄마 나이가 돼서야 보이는 게 있었다. 어이없게도. 엄마가 내다보기엔 부모 없이 인생을 살아야 하는 외동딸에게 따뜻함이나

살가움이나 다정함은 도움이 되지 않았다. 엄마가 살아왔던 인생은 비바람 몰아치는 불빛 하나 없는 허허벌판이었으니까. 엄마는 자신이 세상에 없어도 딸이 생존하기를 바랐다.

　사랑의 방식이, 표현이, 알아차림이 우린 서로 달랐다. 한 사람이 가고 난 후에야 남은 이는 다름을 인정했고, 떠난 이는 아예 모르고 갈 길을 가버렸다. 엄마에게 받았던 아픔이, 힘겨움이 엄마가 이 세상에 없다고 사라진 건 아니다. 심장은 굳은살인 양 감각 없이 잘 있다가도 느닷없는 어떤 일에 베여 피가 돋는다. 그때마다 울었다. 이젠 들어줄 사람이 없어 그만 울기로 했다. 미워하기도 힘에 겹다. 징징대기엔 내 나이가 너무 많아져 버렸다.

　엄마에게 제대로 못 받았던 칭찬, 애정, 다정함, 살가움, 이런 것들을 늘어놓고 내가 나에게 하나씩, 제대로 해주기로 했다. 나는 내게 좋은 엄마가 되기로 했다. 외로울 때 등을 쓸어주고 속상할 때 손을 잡아주고 화가 날 때 안아주기로 했다. 그리고 용서하고 싶지 않은 엄마의 어떤 부분은 애써 용서하지 않기로 했다. 살아있지 않다고 지난날이 없었던 양 미화할 수는 없다. 엄마를 억지로 이해하기 위해 내 상처를 억압하는 꼴이 돼 버리니까. 그러는 순간 성장은 없다.

　이제, 나를 사랑할 시간만 곁에 남았다.

혹시 엄마가 온 게 아닐까 하는

여행을 같이 가면 그 사람에 대해 잘 알게 된다. 밀착되어 오랜 시간 지내다 보면 좋은 점과 안 좋은 점을 발견하기 때문일 거다. 엄마와 단둘이 한 번도 여행을 해 본 적이 없다. 엄마가 아프기 전에는 내가 그럴 마음이 없었고, 아픈 후에는 상황이 허락되지 않았다. 안 맞는 모녀가 갖춰야 할 것은 다 갖췄다. 어쩌면 우리는 단 한 번도 여행 이야기를 꺼내지 않았을까. 서로를 너무 잘 알고 있어서 겁이 났을지도 모른다. 어쩌면 너무 몰라서 겁이 났는지도 모르겠다. 잘 알건, 모르건 간에, 단둘이 떠나면 어떤 마음으로 돌아올 거라는 건 뻔하다. 여행은 사이좋은 이들끼리 떠나야 하는 게 맞다. 아니면 서로가 정말 궁금한 사람들끼리 가거나. 이도 저도 아닌 우린 여행하지 못했던 걸 다행이라 생각해야겠다.

내가 일본에 있는 동안 친구 T는 친정엄마와 단둘이 여행을 왔다. 처음이라 했다. 오빠, 언니와 엄마를 모시고 여행을 다녀봤지만 막내인 T가 혼자 엄마를 모시기는 난생처음이었다. 인천공항에서부터 의견이 맞지 않았던 T와 엄마는 일본에 도착해서도 계속 다퉜다. T는 엄마와 본인이 이렇게 다른 줄 이번에 알았다며 고개를 저었다. 식습관부터 돈 씀씀이, 선호하는 여행 패턴까지 뭐 하나 같은 게 없었다. T의 엄마도 언니와 T를 연신 비교하며 불편함을 호소했다. T는 고행길에 왔다며 투덜댔다. 다시는 엄마와 여행을 같이 오지 않겠다고 모진 소리마저 했다. 그 말에 나는, 짧게 답했다. 내 대답에 T는 마음을 고쳐먹고 누그러졌다.

"어느 날 눈 뜨니 엄마가 없더라. 한 번만 살아온다면 엄마와 손잡고 함께 걸어보고 싶다."

그 이후 T는, '참을 인(忍)'을 새기며 엄마와 무사히 여행을 마치고 돌아갔다. 한국으로 돌아가선 어떻게 지내는지 알 수 없었으나 엄마와의 여행에서 분명 느낀 건 있었을 거라고, 혼자 미소 지었다. T의 엄마가 다음에도 또 가자고 말씀하셨다니, 다행이다. 잘 참은 친구 T에게 응원의 박수도 마음으로 보냈다. 실은, 나도 T와 별반 다름이 없었을 거다. 엄마가 없으니 괜히 애틋한 것일 뿐, 엄마와 여행을 단둘이 한다면 돌아올 때 따로따로 집으로 갔을 수도. 효녀 노릇도 해본 사람이나 하는 거다.

일본에서 생활하면서 삶의 이곳저곳에서 할머니들을 많이 보앉다. 지팡이를 짚고 느린 걸음으로 마트에 찬거리를 사러 나온 할머니, 기모노를 단정히 차려입고 전철에 곱게 앉은 할머니, 햇볕이 따뜻한 벤치에 앉아 주먹밥을 나눠 먹는 할머니들이 유난히 눈에 들어왔다. 엄마도 살아있으면 저런 모습이겠거니, 자꾸만 쳐다보았다. 나와 눈길이 마주친 일본 할머니가 조용히 웃으며 고개를 가볍게 숙인다. 나도 어색한 웃음으로 답했다. 오랫동안 노인들과 생활해서일까. 저절로 눈이 끌리고 마음이 닿는다.

하루는 전철을 타고 이동 중이었다. 일본 시내 전철과 지하철은 정말이지 복잡하고 번잡하다. 그래서 웬만하면 출퇴근 시간은 피해서 움직이곤 했었다. 에스컬레이터도 늘 사람들로 가득 차 줄을 서서 타야 한다. 차라리 계단으로 가는 편이 더 빠를 때가 있다(사실 우리나라도 상황은 비슷하다). 그날도 그랬다. 속으로 사람 많은 불편함을 구시렁거리며 계단을 오르고 있었다. 천천히 위를 올려다보며 가는데 뒷모습이 꼭 엄마와 닮은(내 눈에는) 할머니가 지팡이를 짚은 채 내 앞에서 올라가고 계셨다. 엘리베이터를 타시는 게 좋을 텐데, 하고 생각하는 찰나 그 할머니가 넘어지셨다. 계단을 오르는 사람 중 할머니를 부축하는 이는 없었다. 그들의 모습에 내가 더 놀라 얼른 올라가서 할머니를 일으켰다.

"だいじょうぶですか.(괜찮습니까?)"

일본 할머니는 본인이 넘어졌다는 사실보다 내가 부축해 준 게 더 놀라웠나 보다. 일본인 특유의 아주 예의 바른 인사를 하며 연신 "괜찮다, 고맙다"를 반복했다. 남에게 피해를 주지 않으려고 애쓰는 일본인들은 적극적인 호의 역시 실례라 생각하는 것 같다. 할머니가 눈앞에서 넘어지는데 아무도 다가가지 않았으니 말이다. 할머니가 털고 일어서서 제대로 걷는지 확인까지 하는 내가 오지랖일 수도 있겠다. 우리나라 같았으면 넘어진 할머니를 그냥 두고 가는 일은 결단코 없을 거다. 한국인인 내가 일본 할머니를 도와줬다는 뿌듯함에 잠시 도취하다, 울컥했다.

할머니가 곁에 있을 땐 몰랐는데, 지나가고 나니 아주 익숙한 냄새가 내게 남았다. 아프기 전까지 엄마가 즐겨 썼던 향수 향이 진하게 맴돌았다. 천천히 멀어져가는 할머니의 뒷모습을 보며 혹시 엄마가 온 게 아닐까, 하는 애틋한 착각이 들었다. 곳곳에 엄마가 있었다. 키 작고 살집 있는 일본 할머니를 보면 엄마 같아 돌아봤고, 높은 톤으로 빠르게 말하는 일본 할머니를 봐도 엄마 같아서 유심히 쳐다봤다. 엄마는 아직도 떠나지 않고 어딘가에 있는 것만 같았다.

모성에 관한, 어머니와 자녀 관계에 대한 깊이 있는 통찰과 사유를 한 학자, 아드리엔느 리치는 결핍된 모성에 대해 이렇게 말했다. 자신의 어머니로부터 제대로 보살핌을 받지 못했다고 느끼는 여성은 오랜 시간 동안 어머니를 찾는다고 말이다.[1] 전적으로 동감한다. 보살핌이 필요한 여성은 부족한 모성을 채우기 위해 따뜻한 어머니를 실제로 찾아 헤매기도 하지만 다른 사람에게 모성을 베풂으로써 채워나가기도 한다는 거다. 그러고 보니 내가 상담학을 공부한 건 우연만은 아닌 것 같다. 사람을 가장 가까이에서 따뜻하게 돕는 일, 가장 받고 싶은 것이기도 하다.

R 대학 연구실에 처박혀 있기를 포기한 나는, 일본에서 의미 있는 일을 하다가 돌아가고 싶었다. 이것저것 검색하며 알아보다가 일본(특정 지역은 말하지 않겠다) 안에 우리나라 어르신들의 생활 센터가 있다는 걸 알게 됐다. 이 센터는 거동하기 힘든 재일 한국인 1세, 2세들의 기본적인 생활을 돕는 노인 복지 시설이다. 기관 홈페이지에 어르신들을 위해 미술치료를 해드리고 싶다고 글을 남겼다. 혹시 거절당하면 어쩌나 조마조마했는데 글 남긴 지 하루 만에 센터장으로부터 연락이 왔다. 흔쾌히 내 마음을 받아주었다.

일본에서 생활한 지 한 달 만에 만나게 되는 한국인들이었다. 우리 어르신들이었다. 설레었다. 그래도 마냥 천진한 마음으로

---

[1] 아드리엔느 리치 저, 김인성 역, 『더 이상 어머니는 없다』(1995).

가면 예의가 아닌 것 같았다. 어르신들을 만나기 전, 재일 한국인 1세, 2세들의 이야기는 기본적으로 알아야 했다. 일제 강점기와 그 이후를 살아낸 어른들의 애환과 설움을 들으러 센터장을 먼저 찾아가 만났다.

"의무만 있고, 권리는 없었습니다. 말을 하면 한국인인 게 탄로 날까 봐 마치 청각 장애인처럼 사셨더랬죠. 저를 만나 우리 말을 신이 나서 하고 가신 날은, 어김없이 악몽을 꾸셨답니다. 그때의 트라우마 때문에… 아직도 잊지 못하신 거죠."

센터장은 재일 한국인 1세와 2세들이 어떻게 살았는지, 또 어떻게 돌아가셨는지, 나직하지만 정확한 발음으로 말해주었다(우리 말을 아주 정확히 말하려고 애를 썼다. 센터장 역시 재일 한국인 2세로, 일본에서 교육을 받았다). 고향으로 돌아가지 못하고 그리움만 안은 채 살아가고 있는 재일 한국인 어르신 사연을 이야기 나누다, 센터장도 울고, 나도 울었다. 숙소로 돌아가는 길, 머리 위로 퍼붓듯 내리쬐는 해를 양산 없이 오롯이 맞았다. 태양을 똑바로 보고 걸었다. 전쟁을, 식민지를 책으로밖에 배우지 못한 이 무지한 후손이 할 수 있는 일이 그것밖에 없어서 미안해서, 서러워서, 땀인지 눈물인지 자꾸만 뜨거운 것이 흘렀다. 더 고개를 쳐들었다. 나는, 당당한 대한민국 사람이고, 어르신들의 후손이니까. 갑자기 입에서 애국가가 나왔다. 일본 땅에서 애국가라니. '국뽕'이라 치부해도 상관없었다. 그땐, 내가 대한민국이었다.

"안녕하세요. 저는 한국에서 왔습니다."

어르신들의 눈이 커졌다. 센터는 재일 한국인이 관리하고, 직원들도 거의 재일 한국인이다. 하지만 그곳에서 매일 익숙하게 사용하는 건 일본어다. 오히려 한국어가 외국어처럼 들리는 곳에서, 발음도, 억양도 전혀 틀리지 않는 우리말로 인사하는 사람을 만나다니, 다들 놀라시는 눈치였다. 한 분, 한 분께 눈을 맞추고 마음을 가까이하려 애썼다.

미술치료 첫 시간은 '내 이름 꾸미기'. 어르신들에게 본인의 이름은 어떤 의미일까. 고유하게 나만이 간직할 수 있는 내 이름을 숨기고 다른 이름으로 불리는 일은 마치 내 존재를 가리고 사는 일일 게다. 지금이라도 우리 어르신들의 정체성을 찾아드리고 싶었다. 일본식 이름이 아닌 오래전 고향에서 불리던 자신의 이름을 불러드리고 싶었다. 우리는 서로를, 그리고 자신을 '고향의 봄꽃' 보듯 마주했다.

내 엄마가 거기 있었다. 어르신들 모두가 내 엄마였다. 가고 없는 엄마에게 받을 길 없는 사랑을 이곳 어르신들이 주셨다. 비록 일본인과 결혼했으나 자신의 이름을 잊지 않고 한국인임을 가슴에 아로새긴 어르신들은 내게 어디서건 '한국인'임을 잊지 말라 하셨다. 타국 생활하는 동안 지치지 말라며 다독여주셨다. 힘들었던 세월을 사신 우리 어르신들을 온 마음으로 위로했다. 그분들에게 나는 사랑만 받고 돌아왔다. 일본을 떠나는 날, 빌었다. 우리가 함께했던 그 짧은 시간을 기억해 주시길, 모두가 따뜻한 위로를, 햇살 같은 웃음을 선물처럼 주고받았던 시간이었기를, 오래오래 건강하시기를.

  자식처럼 바랐다.

4

건강이 무너지면 세상은 끝

환갑 전엔
보디 프로필을 기필코!

몸이 무너졌다. 신우신염과 폐렴이 6개월 간격을 두고 덮쳤다. 둘 다 염증으로 인한 병. 그러니까 내 몸의 면역체계가 박살이 났다는 거다. 증상도 심각했다. 두 번 다 일주일 동안 입원하며 독한 항생제를 몸에다 퍼붓고 나서야 겨우 나았다. 앞으로 건강을 제대로 챙기지 않으면, 곧 죽을 거란 신호다. 하고 싶은 일이 참으로 많은데, 아직은 떠나고 싶지 않은데, 저승사자가 등 뒤에 서 있는 것만 같았다. 몸의 소리를 무시하면 어떻게 되는지 보여 주겠다는 듯, 내 몸은 슬슬 공격해오기 시작했다.

이 나이 먹도록 제대로 해온 운동이 없다. 젊었던 시절 수영을 조금 배웠을 뿐, 찔끔찔끔하다가 만 운동이 두어 개 정도다. 어렸을 때부터 몸 움직이는 걸 싫어한 탓에 운동 신경도 좋지 않다. 운동하지 않고도 지금껏 버텼으니 행운이라 하겠다. 언젠간 운동해야지, 건성으로 입만 나불댄 결과는 비참했다. 몸 안의 염증뿐 아니라 허리와 다리도 삐걱거렸다. 온몸이 걸어 다니는 종합병원이었다.

솔직하게 고백하자면, 그동안 다이어트에만 몰두했었다. 우리나라는 워낙 마른 몸에 대한 찬양이 심한지라 무시하기 어렵다. 내면의 아름다움을 백날 주장해 봤자 몸의 아름다움 앞에선 여실히 무너진다. 중년이 되니 정말 물만 마셔도 살이 찐다. "물 말고 다른 것도 많이 먹으니 찌지"라고 제발 말하지 말아달라. 정말로 물도, 살로 간다. 기초대사량이 줄어든 탓이란다. 또 그만큼 몸을 움직이지 않아서 그렇단다. 자고 일어나면 늘어나 있는 몸무게에 매일 경악했다. 옷도 맞지 않아 짜증은 더했다. 가뜩이나 신경질 나는 일투성이인 갱년기에 몸도 컨트롤 되지 않으니 정신건강도 바닥이었다. 걸어 다니는 폭발물이었다.

이렇게 살다간 내 몸이 무너지는 것뿐만 아니라 인간관계마저 너덜너덜해질 지경이었다. 특단의 조치를 해야만 했다. 정말 하기 싫지만, 운동하기로 했다. 그렇게 몸이 아프고도 운동을 하고자 마음먹기까지 한 달이나 걸렸다. 기초 체력도 없고, 하고 싶은 운동은 더욱 없었다. 어떤 걸 해야 하나, 생각하고 고민한 시간만 한 달이었다. 그 사이 기운은 더 없어지고 집에 있을 땐 소파와 한 몸이었다. 점점 아무런 의욕이 없어져 갔다. 먹는 약 봉투만 식탁 위에 쌓여갔다.

"선생님은 체력이 약하신가 봐요. 그래서 어디 일을 하시겠어요?"

소속되어 있는 단체에서 일을 맡았으나 몸이 아파 회의에 불참하는 일이 잦았다. 보다 못한 동료가 결국, 내게 쓴소리를 했다. 그 말에 정신이 퍼뜩 났다. 이러다 민폐 덩어리가 될 것 같았다. 이제는 정말 안 되겠구나, 싶었다. 마음이 급해졌다. 그날로 집 가까이 있는 헬스장으로 갔다. 다른 운동보다 기초체력을 올릴 수 있는 운동을 배울 수 있을 것 같았다. 그저 막연히 그렇게 생각했다. 헬스장을 한 번도 다녀본 적 없는지라 기본 지식조차 없었다. 중요한 건 오직 하나였다. 땅속으로 기어들어 간 나의 체력을 구출해 와야 했다. 이리 재고 저리 잴 시간도 없었다. 운동! 이제 절체절명이 돼 버렸다.

그렇게 헬스장을 찾았는데 그 분위기에 어리둥절했다. 일단 상담부터 하자. 관장이자 코치인 이재홍 선생님이 다정하게 나를 반겼다. 솔직한 지금의 상태를 말해야 제대로 된 운동을 할 수 있을 것 같았다. 젊은 선생님 앞에서 지난날을 고해성사하듯 주절댔다. 이 나이 먹도록 운동 한번 제대로 해본 적 없다는 말에 선생님은 은근히 놀란 눈치였다. 체면이고 뭐고 일단 살아야겠다는 마음이 앞섰다. 내 입에서 굴러 나온 말에 내가 더 깜짝 놀랐다.

"선생님. 저 좀 살려주세요."

어이없는 표정을 지을 거라 예상했는데 선생님은 날 보고 환하게 웃었다. 뭘 믿고 그동안 운동도 안 하고 살았냐는 질책을 들을 줄 알았는데 선생님의 한마디로 마음이 녹았다.

"내일보다 오늘이 더 젊으시잖아요. 지금이 회원님의 때인 거죠. 함께 잘해봐요."

일단 마음이 놓였다. 다음 날부터 운동을 시작했다. 모든 운동의 기본, 스트레칭부터 난관이었다. 몸이 통나무였다. 어찌나 뻣뻣한지 구부려지지도 않았다. 곡소리가 절로 나왔다. 유연하지 못한 몸을 애써 구부리고 뻗치느라 아프기도 하고 힘도 들었지만, 참 슬펐다. 몸이 이렇게 되는 동안 한 번도 살핀 적이 없었다니. 내 몸에게 미안해서 슬펐고, 안 되는 것을 억지로 하느라 눈물이 났다. 확 그만둘 뻔했다. 여기서 포기하면 죽을지도 모른다는 생각이 들자 다시 이를 악물었다. 운동 없이 살다가 관절염을 얻어 못 걷게 된 엄마를 봐왔으면서도 정신을 차리지 못했다. 끙차! 다시 일어섰다.

운동하러 가는 날이면 내적 갈등이 생긴다. 오늘 하루만 쉴까, 다음부터 열심히 한다고 할까, 가기 싫어 온몸을 비튼다. 그러다 못 간다고 말할 수 있는 시간조차 촉박해서 옷을 갈아입고 헬스장으로 향한다. 선생님과 운동하며 자연스레 이런저런 이야기를 나누게 됐다. 자신도 타고난 운동 몸은 아니라는 것, 죽을힘을 다해 운동해서 지금과 같은 몸이 됐지만 유지하기 위해 끊임없이 노력한다는 이야기는 감동적이긴 했지만 와 닿지 않았다. 운동을 가르치는 사람이니 그렇겠지, 생각하며 무심결에 내 이야기를 했다.

"근육 잡힌 몸을 만들려면 얼마나 걸릴까요? 나도 보디 프로필 찍을 수 있을까요? 버킷리스트인데…."

선생님은 웃었다. 운동 시작한 지 얼마나 됐다고 정말이지 난, 꿈은 참 야무지게 잘 꾼다. 살려달라고 했을 때가 얼마 전인데 이젠 보디 프로필을 넘보다니, 꿈을 넘어 망상이다. 그렇지만 그런 소망이라도 있어야 열심히 할 것 같았다. 현실은, 아직도, 운동 기구를 제대로 다루지도 못하고 남들에겐 우스운 무게조차도 잘 들지 못했다. 바들바들 떨기가 일쑤고 무거워서 힘들어했다. 선생님에게 난 아무래도 몸이 문제인 것 같다고 징징댔다.

"아직 몸에 힘이 없어서 그래요. 힘이 있어야, 힘을 뺄 수도 있는 겁니다."

아. 작은 통찰이 왔다. 무릎을 쳤다. '힘이 있어야 힘을 뺄 수

있다'는 말이 운동에만 해당하지는 않기 때문이다. 인생의 여러 면이 그렇다. 가진 게 별로 없고, 아는 게 그다지 많지 않을수록 남들에게 무시당하지 않으려고 쓸데없이 소리가 크다. 실은 본인이 제일 잘 안다. 자신이 아무것도 아니라는 걸. 그래서 하수들은 힘을 언제 주는지, 어디에 어떻게 주어야 하는지 몰라 온몸을 바들바들 떠는 거다. 사소한 일에도 목숨 거는 짓을 하는 거다. 힘을 써 본 적이 있는 이들, 힘을 제대로 사용할 줄 아는 이들은 아무 때나 힘을 주거나 함부로 쓰지 않는다. 힘을 가지고 자랑질하지 않는다. 진짜 힘이 있는 이들은 그렇다. 힘이 있으려면 절제와 조절, 그리고 무한한 노력이 필요하다. 나는 아직 멀었다.

　중년의 몸에게 가장 중요한 건 근력이다. 언제부턴가 허리가 조금씩 아팠다. 허리에 좋다는 약도 먹고 병원도 다녀봤지만 그때뿐이었다. 운동하며 알게 됐다. 허리가 문제인 게 아니라 나의 코어 근육이 허물어지고 있었다는걸. 그러니까 척추와 복부, 골반 주변을 잡아주는 근육들이 느슨해지다 보니 허리에 힘이 가해져 요통이 왔던 거였다. 선생님과 코어 근육 강화 운동을 하면서 허리 아픈 걸 잊었다. 내 몸의 중심 근력이 무너지는 순간 허리가 아프고 다리도 아파 결국 못 걷는 일이 생길 수 있다. 중년은 이렇게 중심 근육을 잡으며 살아야 한다. 몸의 중심뿐 아니라 마음의 중심도 잡으며 살지 않으면 우리 중년들은 무너지게 된다. 그 어디에도 극단으로 치우치지 않는 중용(中庸)의 정신으로 살아야 한다는 걸 운동을 통해 알아가고 있다.

운동을 시작한 지 반년이 넘었다. 나의 삶은 운동을 시작하기 전과 후로 나뉜다. 제대로 운동하긴 멀었지만, 아직도 운동하러 갈 때 수십 번 갈등하지만 그래도 선생님과 약속한 날은 지키려 노력한다. 운동을 시작하기 전에는 지금처럼 책을 쓸 엄두도 못 냈다. 그림을 그릴 수 있으리라곤 상상도 못 했다. 힘이 제법 들었다. 외출했다가 들어오면 일단 드러누워야 했다. 나는 원래 저질 체력인 줄만 알았다. 지금은 꼿꼿하게 앉아 2시간 이상 글을 쓸 수 있고 밤늦게까지 강의 준비를 할 수 있으며 그림 작업을 한다. 이게 가능하게 된 건 모두 운동 덕분이다. 운동이 중년인 나를 살리고 있다.

어제는 나의 운동 선생님에게 칭찬을 들었다. 몸이 처음보다 많이 유연해졌단다. 견디는 힘도 좋아졌다고 했다. 최근엔 하체를 강화하는 운동을 주로 하고 있다. 넘어지지 않기 위해서다. 아직은 낙상의 위험이 그다지 없다고는 하지만 곧 닥칠 노년의 가장 큰 적은 낙상이다. 넘어지면 다른 사고로도 이어질 수 있다. 단단한 하체만이 살길이다. 노후를 위해 저축을 하듯 늙어갈 몸을 위해 운동이라는 보험을 중년의 몸에게 들어주자. 안 그래도 찬 바람 불면 가슴부터 시려오는 갱년기인데 몸마저 아프면 정말 울고 싶다. 중년들. 아무도 아픈 거 알아주지 않는다.

우리 운동해서 아프지 말자.

그나저나 나는 환갑 전엔 보디 프로필을 찍을 수 있으려나.

친구야,
아무 말 없이 먼저 가지는 말자

아주 우연한 기회에 장기 기증 신청을 했다. 뇌사 시 나의 장기를 누군가에게 주겠다는 약속이다. 친구들이나 주변인들에게도 장기 기증 신청을 권하니 꺼리는 눈치다. 거기까지는 아직… 이란다. 장기 기증은 살아날 가망이 없을 때 오히려 아름답게 가는 길이 아닐까, 누군가를 살릴 장기를 건강하게 보존하기 위해 더 깨끗하고 열심히 살게 되지 않을까, 그런 마음으로 신청했다. 기증 희망 등록증이 집으로 온 날, 세상에 태어나 제일 착한 일을 했다고 생각했다. 대견했다.

중년이 되니 죽음에 관한 생각을 하지 않을 수 없다. 노화가 진행되는 게 보이고 느껴질 뿐만 아니라 지금까지 없던 질환도 생기기 때문이다. 어느 날부터인가 건강검진 하기가 겁이 나기 시작했다. 혹여나 병이 있다는 결과를 받게 되면 알게 되는 순간부터 걱정은 엄습한다. 아직 하고 싶은 일들도 있고 좋은 사람들 곁에 오래 머무르고 싶은데 병으로 인해 모든 게 멈춰버릴까 봐 무섭다.

부모님들이 한 분 한 분, 세상을 떠날 때마다 각기 다른 모습의 죽음을 보았다. 아버지는 당뇨를 오래 앓으셨지만, 자기관리가 철저했다. 오랜 기간 합병증 한번 없었다. 그렇지만 노인이 되니 병을 이길 순 없었다. 당뇨합병증이 손 쓸 수 없게 심해져 병원에 입원하던 날 아버지는 단팥빵을 먹고 싶다 하셨다. 말리는 내게 이제 얼마 남지 않은 것 같으니 먹고 싶은 걸 먹어야겠다며 맛나게 드셨다. 아마도 그때 본인의 죽음을 예견하셨던 것 같다. 그로부터 얼마 후 돌아가셨다. 아버지로부터 삶을 대하는 자세를 배웠다.

시어머니는 입버릇처럼 '자다가 가고 싶다' 하셨다. 으레 하시는 말씀으로 그냥 넘겼다. 어머니는 본인의 말씀 그대로 주무시다가 하늘로 가셨다. 병 한번 앓지 않고 가버리셨다. 남아 있는 이들은 허망함과 죄책감, 슬픔이 뒤엉켜 견딜 수 없이 괴로웠다. 인사 한번 못하고 보내드려 두고두고 마음이 아렸다. 한편 어머니 입장은 다르다고 사람들은 말했다. 어머니의 죽음을 두고 '천복(天福)'이라고. 살아 있는 게 괴로울 만큼 아프지 않았고 본인이 늘 했던 말씀대로 가셨으니 하늘이 주신 복이라 했다. 어머니처럼 삶을 말한 대로 이루었으면 좋겠다. 죽음마저도.

엄마와 시아버지의 죽음은 이미 앞서 말했으므로 여기서는 넘어가겠다. 힘들었거나 힘들지 않았거나 죽음으로 가는 과정은 누구에게나 슬프다. 마음 아프게 부모 모두를 보내고 돌아보니 이제는 내 차례가 됐다. 아직 먼 이야기 아닌가, 백세 시대에, 이제 겨우 중년인데, 혹자는 내게 그럴 수도 있다. 그런데 백 살을 살 거라고 예언 받은 이 있으면 한번 만나보고 싶다. 아무도 장담하지 못할 인생, 최근에 마음이 철렁 내려앉은 일 때문에 삶과 죽음을 다시 생각했다.

친구 K에게 심정지가 왔다. 일찍 발견된 덕분에 살아났다. 그 전까지 K는 왕성하게 일을 했고 운동도 열심히 해왔다. 건강검진에도 별 이상이 없었다. 누구나 있는 자잘한 문제는 있지만 죽고 사는 걸 이야기해야 할 만큼 심각한 건 결코 아니었다. 그런데 어느 날 갑자기 찾아온 심정지로 모든 게 달라졌다. K는 자신에게도 죽을 상황이 올 수 있다는 사실이 충격이었단다. 그래서 K는 유언장을 써 두기로 했다. 남겨질 가족들에게 하고 싶은 당부와 재산 분배, 자신의 장례 방법까지 꼼꼼하게 작성한 후 공증까지 받았다.

"누구나 죽을 수 있어. 정말 그렇더라고. 오늘 삶은 다시 오지 않으니 순간순간 진심으로 살고 싶다."

K는 가족들과 올해 안에 크루즈 여행을 떠나기로 했다. 바빠서 미뤄왔던 일들을 더는 미루지 않기로 했다. 다음이 있겠지, 생각하고 살았는데 심정지를 당해보니 그게 아니란다. 아주 짧

은 순간 죽음 저편으로 가 있을 뻔했다고. 친구는 내게도 한마디를 남겼다.

"너무 애쓰지 말고 살아. 너 없으면 세상은 아무것도 아냐. 우리가 매일매일 웃고, 밥 먹고, 이야기하는 행위들. 이게 바로 기적이야."

죽을 뻔하다가 살아와서 그런가, 말이 심오하다고 놀리기는 했지만 울컥했다. 친구를 하마터면 영영 못 볼 뻔했다. 우리, 이렇게 얼굴을 보는 자체가 삶의 기적이구나, 해사한 친구의 얼굴을 한참이나 바라보았다. 웃을 때 지는 눈가의 주름, 작은 글씨가 보이지 않아 찡그리게 되는 미간, 조금씩 늘어나는 목주름이 우리의 나이를 말해줘도, 친구야, 우리 아무 말 없이 먼저 가지는 말자. 살아 있어 고맙구나, 서로의 안녕을 기도하듯 빌었다.

W는 얼마 전 산티아고로 떠났다. 모두의 걱정을 등에 업고 홀로 비행기를 탔다. W는 사실 유방암 환자다. 진단을 받고 W는 고민했다. 항암 치료를 할 것인가, 원하는 걸 할 것인가. 아직 자신의 손이 닿아야 하는 늦둥이 딸도 있고, 하루라도 전화하지 않으면 불안해하고 우울해하는 노모도 있다. 최근 새로 시작한 남편의 사업 대출금도 갚아나가려면 자신도 사업장에 나가서 손을 보태야 한다. 이 모든 걸 뒤로 하고 W는 산티아고행을 선택

했다. 젊은 시절 여행을 좋아했던 W는 결혼한 이후로는 혼자서 하는 여행을 거의 다니지 못했다. 늘 혼자 여행을 마음에만 두고 남들이 다녀온 후기만 보면서 부러워했다. 언젠간 할 수 있겠지, 그러다가 중년이 됐다. 그런데 갑자기 자신에게 닥친 유방암에 화가 났단다. 있는 힘껏 열심히 살았는데 선물은 못 받을망정 겨우 받았다는 게 암이라며 W는 하늘에 대고 삿대질을 했다.

"억울했어요. 제 인생은 누가 보상해 주나요? 우리 막내딸 대학만 보내면 정말 자유라 생각했는데 덜컥 암이래요. 제가 뭘 크게 잘못했나요?"

암 진단을 받고 처음에는 가족에게 말하지 못했단다. 자신의 병을 아는 순간 너무나 큰 충격을 받을 것이기 때문이었다. 특히 고3인 막내에게 어떻게 말해야 하나, 고민하다가 시간이 자꾸만 가버렸다. 그러다 막내딸이 눈치를 채 버려서 결국 털어놓았다. 아직 어리기만 한 줄 알았는데 그때부터 막내딸은 엄마 병 수발을 자처하고 나섰다. W는 한편 대견하고 고마웠지만, 항암만 하며 세월을 보내기가 참 싫었다. 그때부터 W는 산티아고에 가기 위해 조금씩 준비했다. 가족들은 모두 말렸지만, W는 강경했다.

> "인생이 한 번뿐이라는 걸 이번에 알게 됐어요. 죽기 전에 항암 치료 안 한 것과 산티아고를 못 간 것, 어느 것을 더 후회할까 생각해 봤어요. 그럼 답이 나오지요?"

W는 맑게 미소 지었다. 마음을 먹은 뒤부터 W의 산티아고행 준비는 시작됐다. 본격적인 몸만들기에 돌입했다. 처음엔 쉽지 않았다. 걷기 훈련부터 조금씩 했다. 유방암을 앓기 전에는 자랑할 정도는 아니지만 그렇다고 남들과 비교해 빠지는 체력도 아니었단다. 병을 앓고 나서는 체력이 급격히 안 좋아져서 동네를 20분만 걸어도 진이 빠졌다. 그래도 W는 포기하지 않았다. 그 열정에 가족들이 손을 들고 말았다. 여행은 무슨 여행이냐며 화를 내고 반대했던 가족들도 W가 걸을 때 함께 걸으며 뒷바라지를 해 주었다. W는 산티아고를 다녀와서 항암 치료를 하기로 가족과 약속했다.

> "솔직히 앞으로 내게 남은 시간이 얼마인지는 몰라요. 생각보다 오래 살지, 짧게 살지도. 최소한 확실한 건 있어요. 죽을 때 후회하지 말자, 고3 엄마가 수험생을 두고 여행 간다면 욕할지도 모릅니다. 괜찮아요. 딸의 인생인걸요. 나도 내 인생 사랑해 주러 떠납니다."

말은 그렇게 해도 얼마나 망설였을지 짐작은 간다. W는 무수한 낮과 밤을 고민하고 또 생각했을 게다. 딸과도 많은 이야기를 주고받았을 거다. 그리고 내린 결론은 산티아고행이었다. 무조건 응원한다는 메시지와 함께 '산티아고 순례길'[1]이란 시의 일부분을 W에게 보냈다.

> 너는 느낀다, 이 여행이 너 자신 깊은 곳에서 시작되어
> 하나의 깨달음 속으로 걸어 들어가는 것임을.
> 너 자신 안에 있기도 하고
> 너의 손길이 닿지 않는 먼 곳에 있기도 한
> 그 어떤 것을 위해 너는 위험을 무릅써 왔음을.
> 결국, 네가 걸을 수 있는 유일한 길로
> 너를 다시 또다시 부른 그 무엇을 위해.

한때 '아프니까 청춘이다'를 패러디한 말들이 무수히 시중에 떠돌았다. 그런데 정말 '아프니까 중년이다'. 실제로 어제는 몸 이곳이 아팠다가 오늘은 저곳이 아프다. 몸의 곳곳이 아프다가 중병(重病)도 얻는다. 그러기 전에 우리, 몸도 관리하고 마음도 주

---

[1] 데이비드 화이트 저, 류시화 엮음, 『마음 챙김의 시』(2020).

물러 주자. 그동안 있는 힘껏 사느라 몸과 마음이 뻣뻣해졌다. W처럼 산티아고까지는 못 가더라도 가까운 동산이라도 가서 폐가 빵빵해지도록 좋은 공기를 주입하자. 아프며 살기엔 중년이 아깝다.

올해 결혼기념일엔 남편과 수목장을 알아보기로 했다. 이제부터라도 조금씩 죽음 준비를 해 두어야 노년으로 가는 길이 마음 편할 것 같다. 갈 자리를 마련하면 오래 산다는 말도 있는데 두고 볼 일이다.

완경이 내게 준 선물

"우리 주영이가 이제 어른이 됐구나. 축하한다."

초경을 시작했을 때 아버지는 케이크와 꽃다발을 주시며 나를 한참이나 바라보셨다. 친구들 부모보다 십 년은 더 나이 많은 내 부모가 초경을 축하하는 센스라니. 놀라웠다. 분명 엄마가 귀띔을 아버지께 했을 거다. 부끄러웠다. 아버지도 남잔데 나의 초경 사실을 알고 있다는 게 그 당시엔 창피한 일로 여겨졌다. 아이에서 소녀가 되어가는 과정을 들키기 싫은 건 10대 초반의 특권(?)이다. 한껏 몸을 웅크리며 불안하고 무섭기도 했지만, 한편으론 드디어 나도 여자가 됐다는 뿌듯함에 잠을 설쳤다. 꿈같이 오래된 이야기다.

남들처럼 그다지 특별할 것 없는 생리 기간을 보냈다. 때때로 불편하고 신경질도 났다. 몸이 힘들기도 했고 아프기도 했다. 많은 여자가 경험하는 것들을 나도 겪으며 세월을 보냈다. 오십이 된 어느 날 문득 생리가 없다는 걸 알아차렸다. 엄마를 떠나

보내고 반년 만의 일이다. 몸과 마음이 다 같이 분주했던 시기였다. 잠시 멍했다. 마치 아무런 낌새도 없이 이별을 통보해버린 연인 같았다. 아직 보낼 준비도 못 했는데 나를 떠나다니… 그래, 잘 가라. 오랜 시간 날 찾아오느라 고생 많았다. 만날 때 환영했던 이들도 가고 없고 나 혼자 남아 너를 보내는구나. 너 없이도 나는, 잘 살아갈 거다. 더욱 씩씩하게.

매월 특정 기간 묵직하고 저릿한 감각은 나를 포박했고 곤두서 있는 신경은 뾰족해서 아슬아슬했다. 이제부터 편안해질 거다. 달고 매운 음식이 지독하게 당기는 중독적 습관도, 가끔 퍼붓듯 쏟아지는 졸음도, 퀴퀴한 냄새를 달고 있는 건 아닌지 신경 써야 하는 수고도 이젠 끝났다. 생리대를 사야 하는 일정 금액도 더는 나가지 않는다. 매달 치러야 할 정기적 행사가 끝났다. 오! 이젠 자유다!

새로운 시간이 시작됐다. 이제부터는 평온한 상태로 살아갈 수 있다는 게 무엇보다 좋았다. 한 달에 길면 일주일 동안 나 아닌 다른 인격이 들어와 있었다. 땅에 붙어 기어다닐 우울감이 덮친 날에는 비만 와도 훌쩍였고, 고슴도치 바늘 같은 신경질이 휘몰아치는 날이면 모르는 이의 깔깔대는 웃음소리에도 창자가 비틀렸다. 생리 기간만 되면 롤러코스터를 탔다. 오름과 내림이 너무나 현격해서 인생살이가 고달팠다. 여자로 태어난 게 때때로 형벌 같았다. 언제까지 이렇게 살아야 하는 건가, 운명이 원

망스러웠다. 내게도 마침내 때가 왔다. 드디어 그 모든 것에서 벗어나게 됐다.

젊어는 봤지만 늙어본 적 없는 탓에 완경(完鏡)의 시작이 무엇을 의미하는지 몰랐다. 완경 덕분에 몸의 힘듦이 깃털 날리듯 사라지고, 마음의 굴곡이 평평하게 펴질 줄 알았다. 삶의 평온함이 시작되는 줄만 알았다. 완전한 착각이었다. 완경이 되면서 내게 이전에는 듣도 보도 못했던 증상들이 방문하기 시작했다. 제일 먼저 열감(熱感)이 등장했다. 아무런 일도 없는데 얼굴이 화끈댔다. 일명 홍조. 빨갛게 달아오른 얼굴은 뜨거우면서 촌스러웠다. 발긋발긋한 뺨 때문에 화장도 먹질 않는다. 거울을 깨고 싶었다.

열감은 밤마다 나를 괴롭혔다. 낮에는 나타나지 않는 증상이 도둑처럼 밤에만 찾아왔다. 발이 화끈거리고 더워서 잠을 잘 수가 없었다. 눈이 쌓이고 북풍 한파가 몰아친다는 한겨울 밤 발밑에다 선풍기를 틀어댔다. 처음엔 발만 더워지다, 시간이 갈수록 온몸이 더웠다. 겨울밤을 한여름 밤처럼 살았다. 차라리 여름 더위였다면 곧 가을 찬 바람이 불어올 거라는 희망이라도 있겠다. 주변 공기는 차가운데 몸 안은 불가마다. 그 뜨거움 때문에 밤마다 미치고 팔짝 뛰고 싶었다. 남편에게 말해 봤지만, '공감 제로'였다. 경험하지 않으면 아무도 모른다. 펄펄 오르는 열 때문에 혼자 선풍기를 껴안고 잠이 들었다.

수면에도 문제가 생겼다. 잠을 못 이루는 날도 있었고, 겨우 잠이 들면 2시간에 한 번씩 깼다. 아침에 일어날 때쯤 되면 피곤함에 몸은, 절인 배추였다. 잠을 못 자니 신경은 절로 날카로운 펜촉이다. 그런 날은 누구라도 내게 걸리면 찔린다. 밤만 되면 잠을 또 못 이룰까, 걱정하다 그 걱정으로 잠들기 힘들었다. 악순환이었다. 완경이 되기 전까지 잠에 대한 스트레스가 내게 있을 거라곤 상상도 못 했다. 잠 한번 제대로 실컷 자보는 게 설날에 바라는 소원으로 등극했다. 기가 막히게도 모자란 밤잠은 쓸데없이 낮에 찾아오곤 했다. 병든 닭이 됐다.

화장대 의자에 무심결에 앉다가 "악!". 허리가 나갔다. 곧 외출해야 하는데 일어설 수가 없었다. 이건 또 무슨 일이란 말인가. 무거운 화분을 들었던 것도 아니고 바닥에 쭈그리고 앉아 걸레질한 것도 아닌데 의자에 털썩 앉는 일로 허리가 나간다고? 통증이 왔다. 엉거주춤한 자세로 침대까지 겨우 걸어가 누웠다. 이를 어쩌지. 척추 디스크인가. 기가 막혔다. 지금까지 꼿꼿한 허리 하나는 자부했었다. 그런데 이런 사소한 행위로 무너지다니. 어떤 주술에 잘못 걸렸나? 급속한 노화가 나만 빠르게 진행되어 하루아침에 꼬부랑 할머니가 되는 건 아닐까. 허리를 부여잡고 일어나지도 못한 채 별별 상상을 했다.

갑자기 눈물이 주르륵 흘렀다. 이유 같은 건 없었다. 마음이 납작해져서 숨을 못 쉬겠다. 허무와 권태와 회의가 심한 편두통처럼 이틀에 한 번꼴로 찾아와 발작하듯 우울했다. 도대체 내가 왜 살고 있는지 갑자기 모르겠다. 앞으로도 이렇게 계속 살아간다면 여기서 그만 살아야 하지 않을까, 모든 게 다 싫었다. 점점 먼지처럼 작아져 아무도 모르게 가고 싶었다. 시어머니처럼 자다가 세상 하직했으면 좋겠다고 생각했다. 내 세상만 잿빛이었다.

"큰일 났어. R이 병원에 실려 갔대. 지금 위 세척 중이란다. 어쩌니…."

완경과 갱년기는 나만 겪는 건 아니었다. 나와 동년배들은 말하지는 않았지만, 상황은 비슷했던 모양이었다. 그중 갱년기 우울감을 지독히 겪고 있었던 R이 극단적인 선택을 하려 했다. 가족에게 발견돼 병원에서 위를 세척한 후 깨어났다. R은 자신이 깨어났다는 사실에 충격을 받았다. 한동안 실어증이 있었다고 했다. R은 병원에 입원한 동안 정신과 치료도 병행했다. 생각보다 긴 시간을 입원하고 나온 R은 집에 와서도 예전 모습으로 쉽게 돌아가지 못했다. 약 없이는 잠들지 못했고, 잠깐의 외출도 힘들어했다. 가족들이 더없는 정성을 보이며 살폈지만, 회복은 더뎠다. R에게 도움이 되는 건 막막히 지나가는 시간밖에 없었다.

R의 소식을 들었을 즈음, 나 역시 우울해서 어쩔 줄 모르는 시기였다. R의 선택이 한편으로는 이해가 됐다. 끝을 알 수 없는

허무감과 시작을 알기 힘든 우울감이 덮칠 때는 아끼던 모든 것들도 소용이 없어진다. 위로한답시고 막연히 '힘내'라는 말을 하는 이들이 가끔 있다. 전혀 도움이 되지 않는다. 힘이 고갈된 이가 어떻게 힘을 낼 수 있단 말인가. 하나 마나 한 이야기, 아니, 하지 않는 게 더 좋은, 의미 없는 위로는 우울감이 깊은 이에겐 쓰레기나 마찬가지다. 값싼 동정이다. 자신이 나약한 상태라는 걸 자각하게 될 뿐이다.

갱년기 엄마가 사춘기 아이를 이긴다는 말이 있다. 어느 정도 일리가 있다. 호르몬의 변화로 겪는 육체적 심리적 상태는 사춘기의 그것과는 비교도 안 되게 격동적이며 몇 배는 더 힘이 든다. 사춘기는 남녀를 구분하지 않고 겪지만, 그래서 남성들도 사춘기는 잘 알지만, 여성들이 겪는 갱년기의 특징들은 당사자들밖에 모른다는 거다(물론 남성 갱년기도 있지만, 여성보다 두드러지게 나타나지 않는 경우가 많다). 왜 그렇게 힘들어하는지, 뭘 어떻게 도와줘야 하는지 몰라 쩔쩔맨다. 그러다 갈등도 빚는다. 슬슬 옆에 가지 않으려 한다. 그래서 갱년기 여성들은 고립된 폭탄이 되고 만다.

요즘의 나는, 갱년기의 고비가 확 왔다가 잠잠해지는 과정을 반복하고 있다. 열감은 시중에 파는 여성 호르몬 보조제를 복용해서 조금 나아졌고 수면은 여전히 힘들긴 하지만 어느 정도 적응하고 말았다. 삐걱대고 아픈 몸은, 운동으로 개선되는 중이다. 우울감 역시 운동과 더불어 나를 위해 살겠노라, 마음먹은 후부터 서서히 좋아졌다. 그 과정에서 안 좋아진 관계도 있었고 마음을 다친 적도 있었다. 한없이 꺼져가고 있는 내게 무작정 힘내라는 말이 더 폭력적으로 들려 한동안 마음의 문을 닫은 적도 있었다. 그럴 땐 항상 곁에 있겠다는 말, 상황이 좋을 때나 나쁠 때나 변함없이 지지하겠다는 말이 좋았다. 다시 일어설 힘을 받았다.

세상에 다 좋기만 하고, 전부 나쁘기만 한 건 없다. 완경으로 몸과 마음, 이곳저곳이 지각변동을 겪었지만 한편, 나의 한계를 받아들였다. 젊다고 자랑했던 오만함이 꺾였다. 나이 든 몸을 달래기 위해 운동을 시작했고 몸에 좋은 것을 먹으려 애쓴다. 아주 심각할 뻔했던 심리상태는 관계의 차단과 유지를 선택적으로 행하며 마음 건강을 되찾았다. 완경이 내게 준 선물은 온전한 사랑이었다. 힘든 과정을 통과하며 이제야 비로소 나를 오롯이 사랑하게 됐다. 나이 든 내가 좋다. 때로 젊음이 가진 아름다움이 부럽기는 하지만 나이 듦과 바꾸고 싶지 않다.

흔들리지 않는 편안함, 침대에만 해당하는 말이 아니다. 완경을 겪은 이들만이 누리는 특혜다.

완경을 힘차게 치른 이들에겐 근사한 노년이 대기 중이다. 꼭 그럴 거다.

갱년기의 화 다스리기

'그러려니'가 잘 안된다. 타고난 성격 위에 갱년기의 예민함이 얹어져 뭐 하나 곱게 보이지 않는다. 예전엔 그냥 넘어가던 일도 참지 못하고 한마디 한다. 마음에 안 드는 일투성이다. 누군가 툭 내뱉는 한마디가 귀에 거슬린다. 나를 무시하는 건가, 싶기도 하고 어떻게 저렇게 생각할 수 있나, 나와 다름이 싫어진다. 다양성을 인정한다고 말은 잘한다. 실제로 행하지는 않으면서. 나와 다른 건 틀린 거다. 그래서 밉고 싫다.

 "걔는 도대체 왜 그런데? 예전엔 안 그랬는데, 이상해졌
 어. 맘에 영 안 들어."

A는 오래 친하게 지내던 O와 서먹해졌다. 특별한 일이 있어서도 아니다. 크게 싸운 것도 아니다. 사소한, 정말 지극히 사소한 일로 둘 사이 틈이 벌어졌다. 그들과 조금 떨어진 입장에서 바라보면 서로에 대한 기대감이 큰 게 화근 같았다. 예전에는 상대

를 잘 이해하고 배려했는데 둘 다 갱년기를 겪고 있어서인지 양보심이 줄어들었다. 마음에 안 들면 툭툭 몇 마디 하다가 거리를 둔다. "싫으면 말고"라는 식으로 대하다가 단절해 버린다. 굳이 애써 관계를 이어나갈 생각도 하지 않는다. 갱년기의 인내심은 늦가을 햇살보다도 짧다.

몸과 마음은 절대 '따로국밥'이 아니다. 몸이 불편하거나 힘들어지면 마음도 함께 지쳐버린다. 몸의 이곳저곳이 삐걱대고 아프면 감정도 따라 출렁인다. 유난히 뾰족하게 구는 갱년기 사람(여성이라 지칭하지 않는 이유, 남성들도 만만찮기 때문이다)들을 보면, 몸도 어딘가에서 자신을 찔러댄다. 아픈 티 내지 않으려니 성질을 부릴 수밖에. 곱고 우아하게 나이 들고 싶은데 우리 안의 호르몬은 자꾸만 건드린다. 오냐오냐 다독이며 가다가도 훅, 치고 들어올 땐 불꽃이 인다. 참을 수 없는 감정에 휩싸인다.

D는 결국, 갈라서기로 했다. 더는 참지 못하겠다며 D는 단호했다. 아이들도 다 자랐으니 자신이 할 일은 다 했다고 했다. 배려받지 못하는 인생은 이쯤에서 그만하고 싶단다. 가장 큰 이유는 이랬다. D의 남편은 밥을 먹을 때 한 번도 자신을 기다려준 적이 없었다. 집에서 밥을 먹든, 외식하든 남편은 본인의 식사가 끝나면 바로 자리에서 일어났다. 특히 집에서 식사할 때는 어김 없었다. D가 이것저것 준비하는 동안 남편은 먼저 먹어버리

고 D가 자리에 앉을 때 일어서 버리는 경우는 매일 일어나는 일이었다. 그래도 D는 별말 하지 않고 참아왔다. 그런데 어느 날인가, D가 회를 떠 와서 그래도 같이 먹으려고 상을 차리고 매운탕을 끓이는 동안, 남편은 회를 몇 점만 알량하게 남겨놓고 혼자 거의 먹어버린 후 자리에서 일어났단다. 그 모습에 화가 치밀어 올라 D는 상을 엎어버렸다.

"그런 행동을 더는 참을 수 없었어요. 말하지 않고 지금껏 참아왔는데 그런 모습이 결국 나를 대하는 태도라는 걸 이제야 깨달았습니다."

남들보다 젊은 나이에 결혼을 한 D는 경제권도 남편이 갖고 있었다. 자신은 남편보다 세상 물정을 잘 모르니 어쩔 수 없다고 생각하며 살아왔다. 나이 차가 있는 남편은 매사에 자신을 무시했다. 그러다 보니 아이들도 엄마를 무시하는 언행을 하곤 했다. 그래도 남편과 아이들에게 따뜻하게 대해주면 언젠간 자신을 인정하겠거니 생각하고 애써 누르며 살았다. 결혼하고 30년이 돼도 달라지지 않는 모습에 D는 자신의 착각이었음을 알았다. 예전과 달리 자꾸만 지치고 기력이 떨어지는 갱년기 한가운데 있는 자신을 가족 그 누구도 배려해 주지 않았다. D가 몸이 아프다고 하면 집에서 하는 일도 없이 징징댄다며 남편은 구박

했다. 갱년기 보조제라도 사 먹으려 하면 남의 집 아내와 비교하며 돈을 아까워했다. 정말이지 오만 정이 떨어졌단다. 이제라도 자신이 '화'를 낼 수 있어 다행이라 했다. 용기가 생긴 자신의 갱년기에게 고맙다며 눈물이 그렁한 눈으로 애써 웃었다.

'화'는 강력한 감정 중 하나다. 부정적인 감정이라 치부된 '화'는 그 모습을 제대로 드러내지 못한 채 어린 시절부터 우리 내면에 억압됐다. 숨겨진 '화'는 사라지지 않는다. 우리가 알아채지 못하는 사이 몸집을 부풀리거나 성질을 더욱 고약하게 만들어서 반드시 나타난다. 사람마다 시기와 상황만 다를 뿐이다. 직접 '화'를 분출하는 이들도 있고, 간접적으로 '화'를 표현하는 사람들도 있다. 어쩌면 D와 그의 남편은 서로를 향해 '화'를 각기 다른 방법으로 드러냈다고 볼 수 있겠다. D는 남편의 행동에 대해 '화'를 품었으나 눌러버렸고 오랜 시간 참았다. 한편 D의 남편은 아내를 무시하는 행동으로 자신의 '화'를 왜곡되게 나타냈다. 두 사람의 '화'는 다르면서도 같다. 건강하게 자신의 감정을 표현하기보다는 억압이나 왜곡으로 자신의 '화'를 등장시켰기 때문이다. 골이 깊어질 대로 깊어진 두 사람은 가까이하기에 너무 멀어져 버렸다.

'5분 이상 화가 난다면, 그건 네 문제다.'

상담 공부를 하면서 배웠던 놀라운 말이다. 공부하기 전에는 화에 대해 그렇게 생각해 본 적 없었다. 살면서 화가 날 일은 차고 넘친다. 차를 타고 길에 나서면 화를 불러일으키는 운전자들 때문에 붉으락푸르락한다. 새치기하는 운전자, 유난히 천천히 가는 운전자, 과속하며 위협하는 운전자들에게 화가 치민다. 집안에서도 화가 난다. 정리정돈이 되어 있지 않은 아이들 방을 보며, 뒤집어 놓은 양말을 빨래통에 집어넣으며, 휴일엔 소파와 한 몸인 남편을 보며 속이 뒤집힌다. 그 밖에도 머리에 김이 나게 만드는 화는 곳곳에 있다. 과연 그 화의 지속성은 얼마나 될까. 5분이라는 시간 동안 자신의 화가 스스로 제어된다면 그나마 괜찮다. 그런데 그 시간을 넘어서 다른 화로 전이된다면 그것은 자신의 또 다른 문제가 겹쳐진 거라 보면 된다.

갱년기의 사람들은 살아오면서 사연도 많고 탈도 많았다. 인생을 반백 년 넘게 살았는데 무슨 일인들 없었을까. 여러 감정을 경험하면서 버텨왔다. 어떤 감정은 지나칠 정도로 표현하며 살았고, 또 어떤 감정은 애써 누르며 살았다. 간당간당 아슬아슬한 시점도 있었지만, 어찌어찌 넘어갔다. 자신의 감정에 대해 정확하게 알 수 없어 대강 눙쳤다. 이제는 분명하게 자신의 문제가 드러나는 시점에 와 있다. 그 시간이 바로 갱년기다.

갱년기, 몸과 마음이 바뀌는 때라는 말이다. 젊은 시절에 누렸던, 눈이 부시게 당당하고 아름다웠던 육체와 정신의 건강함이 꺾이고 달라지는 때다. 그래서 더욱 화가 난다. 몸이 뜻대로 움직이지 않아 기운 빠지게 화나고, 마음이 제멋대로 춤을 출 땐 어이가 없어 화가 난다. 그럴 땐 나 자신이 싫어진다. 갱년기 사람들은 다른 그 누구와 자신을 비교하는 시간 낭비는 하지 않는다. 젊었을 땐 잘나가는 누구, 돈 잘 버는 누구, 한층 멋있고 예뻐진 그 누구와 비교하느라 힘을 뺐다. 이제는 그런 허무한 짓은 하지 않는다. 타인과 나를 비교하며 시간을 허비하고 에너지를 헤프게 쓰는 일이 얼마나 바보 같은 일인지 너무 잘 알기 때문이다. 갱년기 사람들은 몇 년 전 자신의 모습과 오늘의 나를 비교한다. 그래서 슬프며 화가 나는 거다. 얼마 전까지만 해도 전화번호 두어 개쯤은 외웠고 떨어지는 물건도 날렵하게 잘 잡았다. 조금 쌀쌀한 날 얇은 옷을 입고 나가도 아무렇지 않았다. 음식을 먹고 나면 옷이 지저분해지는 일은 없었다. 그런데 조금씩 달라지고 있다.

"나 못 나가. 미안해. 어제 침대 모서리에 새끼발가락이 부딪혔는데… 골절이래."

친구가 모임에 나오지 못한다고 문자를 보내와서 전화했더니, 깁스했단다. 예전 같으면 부딪혀도 넘어져도 문제없던 몸이 어딘가에 살짝만 스쳐도 골절이고 앓아눕는다. 기억력은 이미 다른 나라로 이민 간 듯하고 잘 잡았던 물건들도 손을 스치고 바닥행이다. 조금만 추워도 배앓이와 고뿔에 걸리고 뭘 먹기만 하면 턱받이가 필요할 만큼 흘린다. 이렇게 예전과 달라도 너무 다른 자신에게 화가 난다. 경험해 본 이들은 알 거다.

 그래. 화나고 슬프고 때때로 아무도 만나고 싶지도 않고 나가고 싶지도 않다. 더는 나를 누르며 참고 싶지도 않고 사소한 일이라도 그냥 넘어가지 못하겠다. 바뀌어 가고 있는 내가 나도 싫다. 그런데, 그런데 말이다. 뾰족하게 살면 우리만 힘들다. 아직 나이 들지 못한 이들은 갱년기를 알 수 없고 나이를 더 잡수신 어른들은 본인들 힘듦이 더 중하다. 갱년기들은 갱년기들이 이해해 주며 살아야 한다. 아이들은 아이들대로 모이는 곳이 있고, 어르신들은 어르신들의 장소가 있는데, 갱년기들은 없다. 우리에게도 화풀이, 속풀이를 실컷 할 수 있는 '갱년의 집'이란 곳이 있었으면 참 좋겠다.

 말과 생각이 맞는 이들끼리 챙겨주며 살자. 그리고 마음이 무너질 만큼 힘들 땐 가까운 상담센터에서 풀어내도 된다(꼭 상담 전문가가 있는 곳으로 가야 한다). 지금부터라도 몸과 마음을 아끼는 연습을 하자. 조금 덜 아픈 날, 적게 힘든 날, 자신이 좋아하는 것을 하자. 무엇이든 좋다. 화가 나면 거리를 잠시 두자. 그래야 관계라도 지킨다. 호흡을 크게 하고 내 화가 무엇으로부터 시작됐나 생각해 보자. 그것도 하기 싫으면, 일단 화를 나게 한 무엇으로부터, 잠시 떨어져 있자. 화를 건강하게 뿜어내자. 그렇지 않으면 우리만 늙는다.

자꾸만 화가 난다는 건 채워지지 못한 그 무엇이 있다는 거다. 자신의 징징거림을 이제는 제대로 귀 기울여 줄 때다. 어르고 달래야 할 아기가 갱년기에 찾아왔다. 쓰다듬고 안아 주자. 두 번째 사춘기를 우리, 무사하게 보내자.

나, 달리기 시작했다

발가락 골절로 깁스한 친구 소식에 놀랐던 가슴이 겨우 진정될 즈음 또 한 친구의 입원 소식이 들려왔다. 계단에서 미끄러져 꼬리뼈가 부러졌단다. 일주일간 무통 주사를 달고 꼼짝없이 누워 있어야 한다며 다 죽어가는 소리를 했다. 깁스조차 할 수 없는 부위라 온종일 누워서 천정만 바라보고 있단다. 살아 있는 송장이 따로 없다며 한숨을 내쉬었다.

"넘어졌을 때 얼마나 아팠는지 몰라. 발이 꼬여 그만… 다리에 힘이 너무 없었나 봐."

운동하지 않고도 지금껏 잘 걷고, 여행도 다니고, 아픈 곳이 없다 자랑했던 J였다. 친구들은 J의 건강을 무척 신뢰했었다. 나이 들면 건강을 자랑하는 게 아니라고 어른들이 그랬다. 언제 어떻게 될지 모르는 나이에 자신 있다고 오만하게 굴다가 큰일 난다고 했다. 그 말이 정말 맞나보다. 친구 중 가장 늦게까지 팔팔

하게 뛰어다닐 거라고, 자타 공인한 J였다. 그의 꼬리뼈 골절 사건은 한동안 회자됐다. 덕분(?)에 건강에 자신 없는 우리는 다시 한번 몸을 점검하는 시간을 가졌다. 특히 골밀도 검사를 정밀하게 해본다는 친구들도 있었다. 중년인 우리에게 운동과 건강관리는 죽고 사는 문제가 됐다.

  PT는 시작했지만 나는, 헬스장에 가지 않는 날은 전혀 운동하지 않는다. 일주일에 이틀, 열심히 가는 일만으로도 장하다고 생각했다. 이만하면 중년의 건강은 잘 지키고 있다고 은근히 자부했다. 그런데 그게 아닌 것 같았다. 나보다 훨씬 건강한 J도 순간 다리에 힘이 풀려 사고를 당했으니 말이다. 코치에게 친구의 사고와 나의 걱정을 이야기하니, 운동하러 오지 않는 날에는 집 앞을 천천히 달려보란다. 절대 욕심부리지 말고, 무리하지 말고 느리게 뛰어보라는 조언을 해주었다. 무릎에 무리 오면 큰일이라며 제발 '느리게' 뛰라고 신신당부를 했다.

  내가 누군가. 운동이라면 여전히 질색하는 중년 아닌가. 걱정만 할 뿐 코치의 조언을 듣고도 달리러 나가지 않았다. 언제쯤이면 운동이 즐거워질까. 이 역시 다시 태어나야 할 문제인 듯하다. 새벽 달리기를 해보리라, 생활의 루틴을 만들어보리라, 결심했다. 그러나 마음만 달리고 몸은 달리지 못했다. 내일은 달려봐야지, 무릎이 나가지 않게, 천천히 호흡에 집중하면서 달려야지, 그러다 다음 날이면 어김없이 마음만 저 혼자 남산까지 달렸다. 그럴 바엔 아예 마음먹지 않는 편이 낫겠다 싶어 달리기를 잇기로 했다. 한결 편했다. 마음을 내려놓으니 달리지 못하는 죄책감도 없다. 언젠간 해 봐야지, 늘 그러하듯 '다음 기회'로 미뤘다.

교토에 다녀올 일이 생겼다. 몇 달 전부터 계획된 특강이었다. 일상이 분주했지만, 약속은 지켜야 했다. 떠나기 하루 전에야 부랴부랴 가방을 챙겼다. 행여나 뭐하나 놓칠까 봐 메모한 것을 보며 4박 5일 일정의 짐을 꾸리던 중 갑자기 달리기가 떠 올랐다. 교토에서 한번 달려볼까, 생각지 않은 짐이 늘었다. 운동화와 운동복을 가방 한구석에 돌돌 접어 넣었다. 괜히 가방 무게만 늘어나는 건 아닐까, 다시 뺄까, 갈등하다 가지고 가기로 했다. 과연 나는 교토에서 뛰게 될 것인가, 내내 미심쩍어하면서 간사이 공항에 도착했다.

교토에 머물며 달리기 일지를 썼다. 빡빡한 일정상 고작 이틀밖에 달리지 못하고 돌아왔지만, 기적 같은 시간이었다. 다음은 교토에서 달렸던 일지 중 일부다. 어떤 이에겐 우습게 보이겠지만 한평생 운동하는 몸을 가져본 적 없는 나에게 달리기는 벅차게 놀라운 일이다.

9월 27일

새벽 5시 30분, 물먹은 솜 같은 몸뚱이를 겨우 일으켰다. 교토의 아침을 달리기 위해 힘겨운 몸부림을 했다. 한국에서부터 챙겨온 운동복과 운동화를 주섬주섬 챙겨입고 일단 길을 나섰다. 이곳도 새벽부터 움직이는 이들이 많구나. 나도 그 대열에 슬그머니 합류. 몸무게를 지탱하며 도로를 박차는 다리는 무겁기 짝이 없다. 뛰어보니 알겠다. 길 위에서 자책했다. 뛰자고 마음만 먹은 게으름과 바쁘고 힘들다는, 이젠 어디에 내놓기도 부끄러운 핑계가 몸무게만큼 나를 눌렀다. 지방과 살로 출렁이는 몸은, 아직 식지 않은 여름의 열기가 누적된 거리를 뛰다가 이내 지쳤다. 걷다가 뛰기를 반복하며 호흡을 가다듬는다. 교토의 공기를 들숨과 날숨으로 느껴보았다. 거친 호흡이 편안해졌다. 주위가 그제야 눈에 들어왔다.

괜찮다.
그래, 다 괜찮다

이미 교토는 깨어있었다. 삶의 현장은 아까부터 오늘을 시작하고 있었다. 다시는 이곳에 못 올 줄 알았다. 반년 만이지만 어제 같다. 세상일은 이래서 모르는 거다. 6개월 동안 나는 달라져서 이곳에 다시 왔다. 살기 위해 운동을 시작했고, 미술작품 활동을 하고 있으며, 무엇보다 쓰고 싶은 글을 이렇게 쓰고 있다. 인생은 매 순간 알 수 없어 불안하지만, 기대로 가득 차 있다. 아직도 하고 싶은 일은 차고 넘친다. 그래서 나의 매일은 숨차게 즐겁다.

9월 28일
교토의 두 번째 아침. 어제보다 느긋(?)하게 일어났다. 토요일이니까. 교토역은 그래도 붐빈다. 여행객들과 생활인들이 섞인 교토역은 사람 구경만 해도 하루해가 다 갈 정도다. 오늘은 어제와는 다른 길로 달려보았다. 물론 걷는 게 절반을 넘지만. 허리에 약간의 통증이 느껴져 오래 달리지는 못해도 확실히 어제보다는 많이 뛰었다. 교토는 여러 얼굴이 있다. 아침은 눈부신 낮과 화려한 밤보다 삶의 고단함이 훨씬 잘 보인다. 어제의 피로가 아스팔트 위에서 뒹굴다 행인의 발길에 차인다. 뭉게뭉게 뭉쳐진 고달픔을 눈으로 따라가다 슬며시 나도 교토의 생활인이 되어본다. 어디나 사람 사는 곳은 비슷비슷하게 노곤하다. 교토 날씨처럼 눅눅한 기분을 바꿀 겸 낡은 육교 위에 올라서 차가 가는 길 쪽을 내려다보았다. 그 길은 오사카로 향하고 있었다. 누군가 오는 듯 길 끝에 눈을 맞췄다. 듣는 이 없어도 산 위에서 야호 하듯 소리쳤다.

"안녕 오사카. 잘 지냈어? 오랜만이네. 나, 좀 멋진 중년이 된 거 같지?"

한껏 뿌듯해서 혼잣말을 허공에다 뿌렸다. 일본을 떠날 때는 상상도 못 했던 일이었다. 건강하기 위해 노력하는 내 모습은 나조차도 생경하다. 유치하지만 길을 보며 자랑해댔다. 내 마음속 따뜻한 손이 나를 쓰다듬었다. 한껏 좋아진 기분으로 육교를 내려와 또 달렸다. 내일은 역 맞은편에 있는 창이 넓은 찻집에서 브런치를 할 예정이다. 교토에서의 마지막 날이니 호사를 누려도 좋겠다. 나는 지금 삶이 참 좋다. 지난 시간의 보상 같아 고맙다. 기쁘다. 살아 있어 다행이다. 달릴 수 있어서 행운이다.

4박 5일 일정을 마치고 다시 한국으로 돌아왔다. 달리기 일지도 거기서 끝났다, 교토에서도 한가로운 시간은 없었다. 하지만 나는 달렸다. 새벽을 뛰었다. 나도 달릴 수 있는 사람임을 알게 됐다. 달리는 작가, 무라카미 하루키는 글을 쓰기 위해 달리고, 달리면서 글을 생각한다고 했다. 그는 자신의 묘비명에 '적어도 끝까지 걷지는 않았다'[1]라고 쓰고 싶은 지독한 러너다. 개인에게 주어진 한계 속에서 자신을 효과적으로 연소시켜 가는 일은 달리기의 본질이라 했다. 달리기는 살아가는 일, 그리고 작가인 자신에게는 글 쓰는 일의 메타포라 일컫는다. 촛불처럼 나를 태워서 달리고 쓰며 살아가는 일은 위대한 장인(匠人)정신이며 수행이라 할 수 있겠다. 우리네 삶은 고행의 길을 떠나는 구도(求道)의 시간이다. 우리는 모두 달리는 구도자(求道者)다.

 달리기로 유명한 그리고 세계적으로도 널리 알려진 작가의 발뒤꿈치에도 못 미치지만, 나도 달려보니 알겠다. 숨이 차오르는 순간, 숨을 내뱉는 찰나에 유체 이탈된 자신을 만날 수 있었다. 멈추고 싶을 때 가까스로 견뎌 온 나, 울고 싶을 때 겨우 참아왔던 나, 놔 버리고 싶을 때 애써 잡고 있었던 내가, 달렸다. 괜찮다, 괜찮다, 그래, 모든 게 괜찮다, 그러니 살아라, 살아라. 나

---

[1] 무라카미 하루키 저, 임홍빈 역, 『달리기를 말할 때 내가 하고 싶은 이야기』(2009).

를 응원했다. 바람을 가르며 달리니 패인 눈가 주름 속 눈물이 어느새 말랐다. 달려보니 살고 싶었다.

교토에서 돌아온 후에도 예전과 다름없는 생활이다. 여전히 똑같은 패턴으로 아침을 맞이하면서 달리지 않는 자신을 질책하곤 한다. 그래도 괜찮다. 내게는 언제든 달릴 수 있는, 가능성이 늘 문 앞에서 기다리고 있다. 언제든 내가 문을 열고 나올 때까지 기다릴 거다. 중년의 삶이 좋은 백스물다섯 가지의 이유 중 하나는 여유가 생겼다는 거다. 젊었을 때처럼 전전긍긍 안달하지 않는다. 지금 당장 하지 않는다고 해서 내게 큰일이 벌어지지 않는다는 걸 살아오면서 알아버렸다. 속도보다 방향이라는 걸 알았다.

인생은 마라톤이라지. 천천히 뛰자. 지금까지도 가쁘게 살아왔는걸.

그나저나 정말 언제 다시 뛰러 나가지?

3부

함께, 또 홀로 서는 법

5

남편, 내 편이 되어가다

남편과 30년을 살고 보니

아직도 유행하는 MBTI[1]로 우리 부부를 말하자면, 남편은 ISTJ, 나는 ENFP(나이 들어 좀 바뀌었을 거다. 그래도 기본 성향은 ENFP)다. 그러니까 남편과 나는 성격유형이 하나도 겹치지 않는 정반대의 성격이다. 오래전 처음 만났을 때는 나와 다름이 좋았다. 감정 기복이 있는 나와 달리 남편은 안정적이었다. 놀라지도 흥분하지도 화내지도 않는 성격이었다. 같이 있으면 차분해지는 느낌이 들어 좋았다. 여기까지만 보고 결혼했다. 성격이 가진 단점이 그때는 보이지 않았다. 남편 성격의 뒷모습은 티 나게 좋아하지도, 기뻐하지도, 재밌지도 않은 거다. 뒷모습이 앞모습이 되는 건 시간문제였다.

남편도 마찬가지였을 거다. 본인과 달라도 너무 다른 성격에

---

[1] 칼 구스타브 융(Carl Gustav Jung)의 성격 이론을 토대로 만들어진 성격유형 검사. 개인의 태도와 인식, 판단 양식의 개인차를 16가지 유형으로 개발.

당황하고 황당했지 싶다. 아마도 결혼을 물리고 싶었을 거다. 내 성격은 남편이 나고 자란 집안 분위기와 달랐다. 시부모님은 물론 남편의 누님 네 분의 성격은 모두 남편과 비슷했다. 조용하고 차분한 그러나 재미는 없는 성격들 속에 튀는 성격 하나가 들어갔으니 그림은 뻔했다. 우리의 삶은 길게 설명하지 않아도 대강 보일 거다. 요즘 애들 말로 고구마 100개 먹은 느낌이었다. 오직 나 혼자만 그런 느낌으로 살았다. 시집 식구들이 보기엔 나만 매일 좌충우돌 우왕좌왕 가리산 지리산이었다. 적응이란 말도 흡수될 가능성이 있을 때 사용하는 말이다. 우린 극명한 물과 기름이었다.

  그렇게 우리, 30년을 넘게 살고 있다. 섞이지 않은 채 적응하지 못한 채 사는 일은 폭풍 안에 사는 일과 비슷하다. 예측할 수 없고 이해할 수 없으며 두렵고 힘든 일의 연속이었다. 특히 결혼하자마자 시부모님과 같이 살아 모든 게 낯설고 부담스러웠다. 다시 그렇게 살라면 도망갈지도 모르겠다. 그럴 줄 알고 부모님들이 우리를 남겨두고 가셨나 보다. 아주 가끔 시어머니와 시아버지가 보고 싶다. 어머니가 해주셨던 이북 만두가, 아버지가 외출했다 들어오실 때 사 들고 오셨던 붕어빵이 겨울이 되면 생각난다. 같이 살 때 말로 표현하지 못할 만큼 힘이 들었는데 아무도 안 계시니 그립다. 저 하늘에서 여전히 서로 닮아가지 않으며 나이 들어가는 우리를 보고 뭐라 하실까.

결혼식을 올렸을 때 우린, 삼십 대 초반과 이십 대 중반이었다. 그땐 나이 드는 게 뭔지도 모르는 천둥벌거숭이 젊은이들이었다. 우리 인생에 그저 꽃길만 펼쳐지는 줄 알았던 맑은 눈의 앳된 가시버시(부부)였다. 지금의 우리, 노년에 접어들어 몸이 곳저곳이 아픈 초로의 아저씨와 갱년기 증상으로 더욱 감정 기복이 심한 중년 아줌마가 됐다. 살아온 날보다 같이 살아갈 시간이 적게 남은 우리다(모르겠다. 의학의 발전으로 더 오래 살게 될지도). 삶의 고비와 풍파를 같이 넘고 온 전우이며 동료다. 가끔 서로를 참 안쓰럽게 여기는 노부부로 산다.

인생의 한참 후배뻘인 G가 어느 날 고민이 있다며 만나자 했다. 현재 만나고 있는 남자와 결혼해야 할지 말아야 할지 갈피를 못 잡겠단다. 이럴 때 참 난감하다. 분명 좋아서 결혼까지 생각했을 터인데 반대하기에도, 그렇다고 무작정 찬성하기에도 어려운 문제이기 때문이다. G의 남자 친구는 동갑임에도 어른스러운 면이 있다고 했다. 경제적으로 일찍 자립했기 때문이란다. 그 점을 G는 높이 사는 듯했다. 한편 걱정스러운 부분이 있었다. 남자 친구의 부모 사이가 그다지 좋지 않은 점과 남자 친구가 자신의 엄마에게 과몰입되어 있다는 점이 G에겐 부담이었다. 적은 나이들도 아닌 탓에 슬슬 연애에서 결혼으로 옮겨가고 싶긴 한데 집안 환경을 보면 G로선 미래를 생각하지 않을 수 없다고 했다. 어린 여자들처럼 결혼에 대한 환상 따위는 가지고 있지 않다며 G는 웃었다. 아무런 답도 내리지 못한 채 고민만 들어주고 집으로 들어왔다.

당황했다. 사실 G와 남자 친구의 가정환경은 다른 듯 닮아있었기 때문이었다. G는 사춘기 시절 부모의 이혼을 지켜보았다. 그 과정에서 아버지가 엄마와 자신을 버렸다고 줄곧 생각해 왔다. 성인이 되어 아버지를 다시 만나니 지금껏 아버지의 잘못인 줄 알았던 이혼의 책임이 엄마에게도 있다는 생각이 들었단다. 매사에 고고하고 잘난 척하는 엄마에게 아버지는 질렸을 거라고, G는 믿고 있다. 자신보다 잘난 배우자는 피곤하다, 사이가 좋지 않게 될 거다, 그런 배우자에겐 버림받을 거라는 믿음이 G의 무의식 안에 자리했다. 그래서 자신보다 조금 못난 남자를 만나는 게 차라리 좋겠다고 생각했다. 그러면 자신이 버려질 불안은 없을 테니까. 실제로 G의 남자 친구는 G보다 학력이 낮다. 그 부분이 G는 오히려 편안한 듯 보였다. 한참 나이 많은 선배로서 가족 상담을 오랜 시간 해 온 상담자로서 G에게 해주고 싶은 말은 많지만, 아무 말도 하지 못했다. 로미오와 줄리엣을 탄생시킬까 걱정돼서였다.

모든 연애와 결혼은 반대하면 할수록 불붙는다. 이는 수학의 답보다 더 정확한 남녀 간 애정 공식이다. 반대할수록 상대방의 좋은 점만 보인다. 사랑으로 우리의 난관을 극복할 수 있을 거라

단단하게 믿는다. 주위의 반대는 자신들을 시기하고 질투해서 나온 것이기에 서로가 끈끈하게 사랑한다면 그 모든 방해를 물리치고 잘 살아갈 거라 확신한다. 반발심리가 작용했기 때문이다. 그래서 나는 G의 결혼 생각에 찬성도 반대도 하지 못한 채 걱정만 하고 있다.

배우자를 선택할 때 우리에게 숨겨진 이유가 있다는 것을 알고 있는가? 귀향 증후군(the going home syndrome)[2]이란 용어가 있다. 말 그대로 집으로 돌아가고자 하는 증상 혹은 상태를 가리킨다. 풀어서 이야기하자면 우리는 긍정적이든 부정적이든 어린 시절 경험했던 상황을 재현해 줄 사람을 배우자로 선택하는 경향이 있다는 뜻이다. 심지어 가정 폭력을 일삼거나 냉담과 비난이 난무했던 집안일지라도 인간의 마음 저 밑에는 다시 돌아가고 싶은 고향처럼 느낀다는 거다. 그래서 의식하지 못하는 사이 나를 슬프고 힘들게 만들었던 분위기를 가진 사람을 배우자로 맞이할 가능성이 크다. 다시 돌아가고 싶기 때문이다. 돌아가서 풀지 못했던 갈등을, 해보지 못했던 사랑을 이루고자 하는 무의식이 작용했기 때문이다.

P는 꽤 오랜 시간 가정 폭력으로 힘들어했다. P의 남편은 예전

---

2 최광현 저, 『가족의 두 얼굴』(2012).

엔 다정했다. 단점이라면 술을 마시면 욱하는 성질이 있을 뿐 자신과 아이들에게 더없이 자상한 사람이었다. 결혼 초까지는 알콩달콩 잘 살았다. 갑자기 남편의 사업이 기울고 형편은 바닥을 쳤다. P가 나서서 경제활동을 해야만 했다. 직업을 겨우 갖고 3년쯤 됐을 때 P의 휴대폰이 고장이 나서 잠시 불통이 된 적이 있었다. 가까스로 고치고 휴대폰을 켜니 그야말로 가관이었단다. 욕설이 가득한 문자와 수백 통이 넘는 남편의 전화가 와 있었기 때문이다. 그때까지만 해도 자신을 너무나 걱정해서 그럴 거라고 P는 생각했다. 연락이 안 된 것이 미안해서 서둘러 귀가했다가 처음으로 남편에게 맞았다. 그 이후로 술만 마시면 P에게 욕설을 퍼붓고 집기를 던지며 난동을 부리다 폭력을 행사했다. 그 당시 P는 이혼하고 싶었지만, 아이들이 어린 탓에 참아야만 했단다. 큰아이가 성인이 되던 해 P는 남편과 이혼했다. 헤어지는 과정도 너무나 힘들었지만, 아버지의 폭력을 보고 자란 아이들이 나서서 도와준 덕분에 겨우 갈라설 수 있었다.

 P는 어린 시절부터 가정 폭력에 노출된 피해자였다. 아버지는 술만 마시면 어머니와 언니를 때렸다. 그 과정을 고스란히 보고 자란 P는 아버지 같은 사람만 만나지 않으면 된다고 생각했다. 아버지는 우람한 체격에 말도 무뚝뚝하게 하는 남자였지만 자신의 남편은 정반대의 외모와 말투라 안심했단다. 처음 만났을 때

부터 어딘지 모르게 편안한 느낌이라 더 많이 끌렸다고 했다. P의 남편은 아버지와 외모는 반대였는지 몰라도 성격이 비슷했다. 그 점이 P에겐 낯설지 않고 안정된 느낌으로 다가왔던 거였다. P는 어린 시절 경험했던 아버지와 닮은 모습에 익숙함을 느꼈고 결국, 어머니와 같은 삶의 전철을 밟았다.

우리나라도 '예비 부부학교'가 곳곳에 있다. 주로 종교단체에서 교육하는 것으로 안다. 나는 결혼 전 교육과 상담이 꼭 필요하다고 생각한다. 국가에서도 아이만 낳으라고 출산장려 캠페인만 벌일 게 아니다. 부부가 되기 전의 젊은이들, 아직은 결혼을 생각하지 않는 커플에게도 가정을 만드는 일에 관한 심도 있는 교육과 상담을 해야 한다. 부부로 살아가는 일이 무엇인지 알아야 하며 나 자신이 결혼 생활에 적합한 사람인지도 확인해 보아야 한다. 모두의 마음속에 있는 '귀향 증후군'에서 벗어나 건강한 개인과 가정을 만드는 일부터 시작해야 한다. 가족 간에 전수되고 있었던 불행과 상처를 끊어야 아이를 낳고 싶은 마음도, 또 낳은 아이를 잘 기를 힘도 생기는 거다. 몇 푼의 돈과 알량한 혜택을 주면 아이를 많이 낳을 거란 안일한 생각은 이젠 좀 벗어날 때도 됐다.

나도 '귀향 증후군'에서 벗어나지 못했다. 돌아가신 나의 엄마와 남편은 닮은 면이 많다. 그래서 만나자마자 친근함이 들었는지도 모르겠다. 30년이란 시간이 지나고 나니 처음 만났을 때 어떤 느낌이었는지 기억에서 옅어져 가고 있다. 아직도 부부로 살고 있으니 앞으로도 부부 인연으로 살 가능성은 크다. 중년 부부들이 사는 이유는 뜨겁게 사랑해서도 서로가 절절하게 필요해서도 아니다. 서로의 어깨에 내려앉은 그동안 쌓아왔던 시간의 무게감이 안쓰러워서다. 젊은이들은 잘 모르는 진득하고 끈적한 마음, 오랜 세월을 함께 버틴 사람들만이 아는 마음, 그걸 우리는 정(情)이라 부른다.

결혼 방학?
졸혼만큼 신선한걸!

약 20년 전에 일본에서 만들어져 우리나라에도 그 개념이 알려진 신조어가 있다. '졸혼(卒婚)'이라는 단어다. 말 그대로 결혼을 졸업한다는 뜻. 처음에 그 단어를 접했을 때 꽤 신선했다. 이혼 말고는 결혼 생활을 못 끝내는 줄 알았다. 그런데 결혼을 졸업한다니, 부부가 뜻만 제대로 맞으면 감정에 흠집을 내지 않고 각자 생활할 수 있는 좋은 제도(?) 같았다. 부부가 함께 영위하는 많은 부분에 의견 합일을 전제로 해야만 평화로운 졸혼이 성립된다. 우리나라 중년 부부 중 서로를 존중하며 졸혼할 수 있는 부부가 과연 몇이나 될까.

Y는 최근 남편이 정년퇴직했다. 직장이 지방에 있었던 관계로 둘은 몇 년간 주말부부로 지냈다. 이미 아이도 성인이 된 지 오래라 엄마 손이 필요 없었다. Y는 친구 모두가 부러워하는 '자유부인'이었다. 평일에는 챙김과 돌봄에서 벗어나 눈치 보지 않고 여행 다니며 자유로운 생활을 누렸다. 그러다 남편이 퇴직하면서 지방 생활을 정리하고 서울로 오게 됐다. 한동안 Y는 남편과

함께 사는 생활을 힘들어했다. 꼬박꼬박 챙겨야 하는 식사며, 합친 살림살이가 버거웠다. Y는 조심스럽게 남편에게 제안했다.

"우리, 둘 중 하나가 아파서 돌봐야 하기 전까지, 졸혼하는 거 어때?"

조건부 졸혼을 내걸었다. 말은 그렇게 했지만, 남편의 성향상 쉽게 받아들이지 않을 거라 짐작했다. 그런데 Y는 의외의 답을 남편에게 듣고 귀를 의심했다. 남편도 Y의 의견에 동의했다. 이어 남편 역시 본인의 생각을 Y에게 자분자분 전달했다. 지금까지 몇 년간 떨어져 살다 오랜 시간 같이 있어 보니 본인도 불편하다는 거다. 이제는 남편으로서, 아빠로서의 부담에서도 자유로워지고 싶다고 조심스럽게 말했다. 예전 같았으면 Y는 그 말을 듣고 남편을 의심했을지도 몰랐단다. 그런데 남편의 그 말이 너무나도 이해가 됐다. 둘은 여러 정황을 고려하여 일주일에 삼일만 떨어져 있는 '부분 졸혼'을 하기로 했다.

Y의 마음과 생활이 부러우면서 궁금했다. 과연 둘은 졸혼을 잘 누리고 있는지, 정말 서로를 간섭하지 않고 독립적인 생활을 살고 있는지 무척 알고 싶었다. 부분 졸혼한 지 3개월 만에 친구들 모임에 나온 Y는 주말부부였을 때보다도 한결 편안하고 여유로웠다. 그들의 생활은 그야말로 독자적이며 건강했다. 떨어져

지내는 3일은 온전히 자신만을 위해서 산단다. 그때는 서로에게 연락도 하지 않는다. 다시 합쳐지는 4일은 둘 다 집안일에 성실히 임한다고 했다. Y 부부는 예전보다 대화의 시간도 많아지고 깊어졌단다.

"이제야 남편이 무엇을 좋아하는지, 어떤 사람인지 알게 됐어. 하마터면 죽을 때까지 우린 서로를 모르고 살 뻔했지 뭐야."

이러한 '부분 졸혼' 상태는 가족 전체로 그 분위기가 옮겨졌다. 시집이나 친정이나 Y 부부가 시도하고 있는 부분 졸혼의 좋은 점을 닮고 싶어 했다. Y는 자신들이 건강하게 '부분 졸혼'을 할 수 있는 비결이 있다며 이를 지키지 않을 때는 서로가 힘들어질 거라고 했다. Y가 말하는 비결은 단순하면서도 매우 중요한 부부의 생활방식이었다. 그건 바로 자신이 경험한 것, 앞으로 하고 싶은 것, 하고자 하는 것에 대해 진솔하게 대화하는 습관이었다. 이 부분을 지키지 않으면 졸혼이 아무 의미가 없다고 했다. Y 부부의 이러한 노력은 둘의 관계를 더 돈독하게 만들어 주고 있다. 남편에 대한 마음도 더 각별해졌다며 웃었다. 지금까지 봐왔던 Y의 미소 중 가장 편안해 보였다.

2017년 '졸혼 시대'를 집필한 스기야마 유미코는 졸혼의 조건을 다음과 같이 이야기했다. 자신의 영역에 무리하게 상대를 끌어들이지 않도록 해야 하며, 상대가 하고 싶은 것을 존중해야 한다고 말한다. 또, 배우자 없이도 자립할 수 있는 능력이 있어야 한단다. 이 부분은 경제적인 부분뿐 아니라 생활 전반에 걸친 능력이라 생각한다. 다음 조건은 매우 중요하다고 여겨지는 요소다. 고독에 견디는 힘이 있어야 하며 스스로 자신을 즐겁게 할 수 있어야 한다는 점이다. 강력하게 와닿는다. 혼자 있을 줄 아는 능력은 인간으로 살아가는 데 필수 조건이다. 누구나 언젠간 혼자가 되기 때문이다. 금전적인 부분은 서로 양해할 수 있는 범위를 지키며 배우자에게 곤란한 일이 생기면 힘껏 도와줘야 한다. 반드시 그래야 한다. 이혼한 부부가 아니라 졸혼한 부부는 여전히 삶의 동지이기 때문이다. 그리고 졸혼에 있어 주위의 시선을 크게 신경 쓰지 말라고 저자는 마지막으로 당부한다. 우리나라 중년 부부들에게 쉽지 않은 일이기는 하다. 하지만 타인들이 내 인생을 간섭할 권리는 없다. 건강하게 따로 또 같이 살아간다면 노년에 더 의지가 되는 관계가 될 수 있을 것 같다.

결혼 초부터 D 부부는 무척 달랐다. 성격도 극과 극이지만 무엇보다도 습관이나 문화의 차이가 겹치지 않았다. 내향형인 남편과 외향형인 아내는 주말이나 휴가를 보내는 일도 어긋났다. 남편은 아내를 피곤해했고, 아내는 남편을 답답해했다. 맞추려고 애를 쓰기는 했지만 지쳐갔던 부부는 각자 따로 시간을 보냈다. 둘 사이에 아이가 생기면서 갈등은 더욱 심해졌다. 아이를 교육하는 일에도 극명하게 의견 대립이 생겼다. 싸우는 일이 잦았고 그럴 때마다 아이는 상처를 받았다. 갈등 심한 부모 사이에서 아이는 겉돌았다. 문제행동은 심했고 학교폭력도 일삼았다. 몸은 성장했지만, 마음이 자라지 못한 아이는 어느 날 집을 나갔고 돌아오지 않았다.

연락은 가끔 하긴 했지만 아이는 부모를 더는 찾지 않았다. D 부부는 중년이 되면서 아예 서로를 무시했다. 아이의 가출로 인해 부부 관계는 더 악화가 됐다. 그래도 부부는 이혼하지 않은 채 살고 있었다. 살얼음을 걷는 부부 생활을 하던 중 D는 시골에 갈 기회가 생겼다. 아는 이가 해외로 나가게 되면서 땅을 관리해달라는 부탁을 받은 거다. D는 부담스러웠지만, 금전적인 부분도 무시할 수는 없어서 반강제로 시골살이를 하게 됐다. 그곳에서 D는 밭을 조금씩 일구며 살면서 한 번도 경험하지 못한 마음의 평화를 만났다. 서울의 집과 시골의 집을 오가며 D는 남편과 이전엔 하지 않았던 대화를 서서히 조심스럽게 나누었다.

"떨어져 있으니 남편도 나에 대해 생각을 다시 하게 된 모양이에요. 우연한 기회였지만 우리 부부 관계를 되돌아보게 됐어요."

남편도 거칠게 말하던 습관이 나아졌으며 D가 시골집에 있을 때는 안부를 물어오기도 했다. 부부 관계가 미세하게 좋아지고 있다는 것을, 아이도 부모와의 통화에서 느꼈던 모양이다. 오랜 가출 생활을 정리하고 엄마가 사는 시골로 찾아와서 자리를 잡았다. 아들과 밭을 일구며 D도 정신적인 안정을 완전히 찾았다. 아들이 결혼만 하면, 이혼하겠다고 마음속으로 수백 번 생각했던 D였는데 마음의 물꼬가 슬며시 달리 뻗어 나갔다. 이런 방식으로 살면서 서로를 애틋하게 여기는 편이 좋을 것 같았단다. 어느 날 남편에게 조용히 생각을 물었다. 남편 역시 D와 비슷하게 생각하고 있었다. 지금의 형태로 당분간 살아보자는 의견 일치를 보았다. 같은 결론을 내린 건 결혼하고 28년 만에 처음이란다.

"이런 형태도 졸혼이라 할 수 있을까요? 우리는 떨어져 있으면서 반성했어요. 도무지 이해하려 하지 않았거든요. 둘 다 상대방의 말을 들으려 하지 않았어요. 이기적이었죠."

D 부부는 의도성이 전혀 없이 떨어져 있게 됐지만, 우연히 접한 졸혼의 수혜를 입은 사례다. 부부는 그동안 상처 입고 살았던 아들에게도 용서를 구했다. D는 가출해서 숱한 고생을 하면서도 더는 나쁜 행동을 하지 않고 살아온 아들이 그저 고맙기 짝이 없

다며 반성했단다. 예전엔 보이지 못했던 부모다운 모습을 늦었지만, 지금이라도 보여 주며 살고 싶다고 했다. 어쩌면 죽을 때까지 남편과 합치지 못할지도 모른다. 그렇지만 졸혼을 통해 지금까지와는 다른 삶을 사는 일도 좋을 것 같다며 햇볕에 그을려 까매진 얼굴로 D는 활짝 웃었다.

　졸혼 문화에 관한 생각은 사람마다 다르다. 아직 우리나라 가족 문화 정서에는 맞지 않는다고 말하는 이도 있고 다양성을 받아들여야 한다는 사람들도 있다. 이혼이나 별거와 다를 게 무엇이냐며 반대하는 의견도 있다. 한편, 법적으로 정리하는 힘듦보다 차라리 떨어져 있으면서 정신적으로 건강하게 살아갈 수 있기에 적극적으로 찬성한다는 의견도 있다. 졸혼이라는 문화를 바라보는 사회적 합의도 필요하다. 곁에서 지켜본 중년 부부 중 졸혼을 실제로 경험한 부부들을 보면 떨어져 지내며 서로를 챙기는 생활 형태에 불만족보다 만족이 높았다. 부부가 '따로 또 같이'라는 약속을 잘 지켜나간다면 졸혼이라는 생활 형태도 우리 문화에 곧 긍정적으로 스며들 것 같다.

　얼마 전 미국에 사는 친구가 왔다. 한국에 당분간 있을 예정이라는데 혼자 온 거다. 남편은 미국에 있고, 아이들 셋, 모두 그곳에서 학교에 다니고 있다. 본인만 훌쩍 날아왔다. 혹시나 남편과 사이가 좋지 않아서 싸우고 온 건지 넌지시 물었다. 친구는 웃으며 결혼 25주년을 맞아 '결혼 방학'을 했단다. 그동안 미국 생활이 힘들기도 했지만, 무엇보다 서로의 정신건강을 위해 남편과 잠시 떨어져 지내기로 합의를 봤다고 했다. 엄마와 아내, 아빠와 남편으로서 평생 가족을 위해 일하는 게 참 힘들었다며 방학 생활을 잘 즐기다 갈 거라 했다. 아이들도 놀라는 눈치였지만 이내 이해했단다. 큰 결심을 하고 온 친구의 웃음이 참 건강해 보였다.

'결혼 방학'이라… 졸혼만큼 신선한걸? 나도 한 번 따라 해 볼까.

남자들의 갱년기

누가 그런 무시무시한 말을 했는가. 남자는 인생에 세 번 운다고. 태어날 때 한 번, 부모님이 돌아가셨을 때 한 번, 나라가 망했을 때 한 번이란다. 그런 되지도 않는 말을 듣고 자란 우리나라 남자들은 감정을 억압해야만 했다. 남들 앞에서 눈물을 보이는 남자는 약해 빠진 남자라 치부되며 어릴 때부터 마음의 반응을 제지당했다. 억눌린 감정은 반드시 다른 쪽으로 구멍을 만들어 삐져 나가기 마련이다. 울고 싶을 때 울지 못했던 남자들은 울컥하는 감정을 행여 남들이 알아챌까 봐 스스로 건조해야 했다. 그러다 다른 감정까지 말라버렸다. 그런 채로 나이를 먹었다.

남자들에게도 갱년기는 온다. 여자들보다 극적 반응이 없어서 눈치채지 못할 뿐 남자들도 갱년기 시기를 겪는다. 오히려 여자들보다 갱년기가 빨리 찾아온다. 대체로 삼십 대 초반부터 시작된다. 그러나 서서히 진행되기 때문에 주변은 물론 본인마저도 전혀 눈치 못 채는 경우가 대부분이다. 갱년기가 되면 체력의 저

하와 시력 감퇴뿐 아니라 슬슬 건강에 신호가 오기 시작한다. 이미 아픈 사람도 있다. 무엇보다 전에 없던 감정의 변화가 생긴다. 가족들과 드라마를 보면서 혼자 훌쩍이는 바람에 아내에게 놀림을 받을 때도 있다. 어느 날은 자신도 모르게 찾아오는 감정에 당혹스럽다. 젊은 시절부터 열심히 살아와 지금까지 왔는데 직장에서나 집에서나 그다지 대우를 못 받는 것 같다. 허무하다. 느닷없이 사는 게 무언가, 획 부는 가을바람 한 번에 마음은 구멍이 나버렸다.

"선생님. 저 여기서 아무 말 없이 시원하게 울다 가면 안 될까요? 울 수 있는 곳이 없어서…."

상담센터를 운영했을 때 일이다. 오십 초반의 남자 내담자[1]가 방문했다. 실은 상담실 문 앞에서 몇 번 서성이는 걸 본 적이 있었다. 모르는 척했다. 상담은 자발성이 중요하기 때문에 센터로 들어오고 싶어 한다는 걸 알면서도 기다렸다. 그러던 어느 날 남자 내담자 L은 스스로 문을 열고 들어왔다. 상담센터에서는 처음 온 내담자에게 반드시 물어보아야 할 사항이 있다. 제일 중

---

1   상담을 받으러 오는 사람을 일컫는 용어

요한 건 무엇 때문에 왔는가이다. L에게도 역시 같은 질문을 했다. 그런데 L은 지금은 아무것도 묻지 말아 달라며 고개를 숙였다. 너무 울고 싶은데 울 곳이 없단다. 그 한마디를 하면서도 무척 힘들어했다. 이미 그의 눈은 붉었다.

내가 운영했던 상담센터에는 아동과 엄마들이 주로 찾았지만, 간간이 L과 같은 남자 내담자들도 방문했다. 젊은 남자들도 있긴 했으나 중년 남자들의 비율이 조금 더 높았다. 우리나라 남자들은 마음을 터놓고 이야기하고 싶어도 상담센터를 쉽게 찾지 않는다. 이야기 대상자들은 주로 주변인이다. 동료, 친구, 선배, 혹은 가장 가깝다고 생각하는 이에게 마음속 이야기를 하곤 한다. 그것도 매우 힘들 때나 겨우 이야기한다. 마음을 털어놓는 일은 자신의 약점이 노출된다고 생각하기 때문에 절대 아무에게나 속이야기를 꺼내지 않는다. 혹은 다음 날이면 잊어버릴 수 있는 술집으로 가기도 한다. 가까운 이에게나 술집에서 말하는 이야기들은 속풀이는 될지언정 상담의 기능은 하지 못한다. 우리나라 중년 남자들이 안타까운 이유다. 갈 데도 없고 말할 데는 더욱 없다.

직급이 높을수록 더욱 그렇다. L 역시 중소기업을 운영하는 대표였다. 젊은 시절 대기업에서 근무했다가 퇴직한 이후 지금의 회사를 만들고 성장시켰다. 운이 좋았다고 겸손하게 말했지만, L은 자신의 젊음과 시간과 노력을 회사에 갈아 넣었다. 과욕만

부리지 않는다면 회사는 업계에서 주요 위치에 안정적으로 있을 거라 했다. 문제는 자신과 가족이었다. L은 지금껏 자신처럼 행복한 사람은 없다고 자신했다. 승승장구하는 회사와 가족과 함께 부족함 없이 살고 있으니까, 이 정도면 행복이라 여겼다. 그런데 진실은 그게 아니었다.

자신이 모르고 있었을 뿐 가족은 이미 곪을 대로 곪아 있었다. 남들보다 늦은 나이에 결혼했기 때문에 아직 아이들이 어렸다. 가정생활과 아이들의 교육은 모두 아내에게 일임했기에 그저 자신은 돈만 잘 벌어주면 되는 줄 알았단다. 그런데 이란성 쌍둥이인 아이들은 이미 학교에서 유명한 일진이 돼 있었고 학교에서 문제란 문제는 다 일으키고 다녔다. L은 전혀 몰랐다. 아내가 일체 아무런 말을 하지 않아 눈치조차 못 챘단다. 그러다 사건이 터졌다. 이란성 쌍둥이 중 한 명이 사회적 이슈로 된 사건에 휘말렸다(개인 보호 차원으로 상세한 설명은 하지 않겠다). 결국, 아이는 법의 심판을 받게 됐다.

대화는 많이 하지 않아도 아내와 갈등은 없다고 생각했단다. 그 역시 문제였다. L은 아내가 자신과 헤어질 생각을 하고 있다는 걸 아이 문제가 터진 후에야 알게 됐다. 모든 게 잘못됐다는 걸 이제야 알았다고 했다. 그동안 자신은 회사를 일구느라 휴일도 반납한 적 많았고 해외 출장도 잦았다. 가족들은 알아서 잘 지내는 줄만 알았다. 그렇게 믿었다. 이제 좀 살만하다, 생각하고 돌아보니 가족들은 수습하기조차 힘들어진 상태로 흩어져 있었다. 무엇 때문에 이렇게 살았는지 후회스럽고 허무해서 아무것도 할 수 없었다고 했다. 죽고 싶은 마음을 겨우 억누르고 찾아왔다며 연신 울먹였다.

"여기서 더는 눈물이 나오지 않을 때까지 충분히 우세요. 괜찮습니다. 아무것도 신경 쓰지 마시고 오로지 울고 싶은 그 마음에 집중하시길 바랍니다."

상담실 문을 닫고 5분쯤 지났을까. 안에서 꺽꺽하는 소리가 들렸다. 뱃속에서부터 나오는 울음소리였다. 얼마나 울음을 참고 살았을까. 나도 눈물이 났다. 한참을 L은 그렇게 소리 내어 울었다. 아주 희미하게 '엄마'라 부르는 소리도 들렸다. 큰 소리로 울기 시작해서 얼마쯤 지났을까. L은 말갛게 편안한 얼굴이 돼서 상담실 문을 열고 나왔다. 울기 전보다 수척해 보이긴 했지만, 얼굴빛이 한결 나아 보였다.

"가족 문제도 문제지만, 실은 요즘 마음에 구멍이 뚫린 것 같았습니다. 뭘 해도 재미없고 아무것도 하고 싶지 않더라고요. 사람들도 점점 만나고 싶지 않아 공원에 혼자 앉아 있었던 적도 있었습니다. 살면서 이런 적, 처음입니다."

L은 자신이 갱년기 우울감을 겪고 있음을 이야기를 통해 자각했다. 돌진하듯 살아갈 땐 잘 느끼지 못하는 게 감정이다. 이성의 촉을 세우고 살아야 내 앞의 과제를 수행할 수 있다. 젊었을 땐 그렇다. 그러다 나이를 먹고 돌아온 길을 휙 한번 뒤돌아볼 때 우리의 감정은 말을 건다. 잘살고 있는지, 그렇게 살아도 괜찮은지, 지금 누리는 게 진정 원하는 삶이었는지 말이다. 그리고 지금의 모습이 진짜 모습인지 자꾸만 물어온다. 갱년기가 되면 그 물음이 점점 크게 들려와서 대답을 해주지 않으면 안 될 만큼 힘들다. 갱년기 여자나 남자들은 답을 찾느라 방황하고 못 찾을 땐 우울해진다. 진정 위로가 필요한 시기다.

　L은 나와 상담을 진행하면서 중년이 된 자신의 삶을 돌아보기 시작했다. 그동안 옆도 뒤도 보지 않고 달렸단다. 그게 맞는 줄 알았단다. 열심히, 정말 누구보다 열심히 살았다. 그런데 어느 날, 맥이 탁 풀리는 느낌이 들어 신체적인 문제로 생각하고 병원에서 종합검진을 받았다. 결과는 중년 남자들이 가지고 있는 일반적인 상태였다. 다만 스트레스 지수가 높게 나와 정신건강과의 진료가 필요하다는 진단을 받았다고 했다. 대수롭지 않게 여겼다. 조금 쉬면 낫겠거니 생각하고 넘겨버렸다. 그게 화근이었다. L의 마음은 소리를 내기 시작했다. 결국, L은 쥐고 흔드는 마음의 공격에 넘어졌다. 우리는 상담을 진행하기로 했다. 6개

월이 지난 어느 날이었다.

"색소폰을 배우기 시작했습니다. 몇 년간 피웠던 담배도 끊었어요. 색소폰 부는 데 힘이 들더라고요. 그리고요. 선생님…."

상담하면서 L에게 많은 변화가 있었다. 이제는 자신이 원하는 것을 하면서 살아야겠다는 마음이 강렬해졌단다. 젊은 시절부터 악기를 다루고 싶었던 L은 미루고 미뤘던 색소폰을 배우기 시작했다. 조금씩 일어나는 자신의 변화에 놀라면서 기쁘다며 소년처럼 웃었다. 그리고 아주 조심스럽게 입을 뗐다. L의 말에 나는 깜짝 놀랐다.

L은 상담을 통해 지금까지 단 한 번도 떠올리지 않았던 결혼 전 자신의 불편했던 가족사가 수면 위로 올라와서 힘들어했다. 다 잊었다고 생각했던 과거가 소환됐고 지난 시간은 현재에도 많은 영향을 미치고 있었다. L은 그 사실에 놀라워하면서 반성했다. 자신의 힘겨움이 현재 가족에게 그대로 전달됐기 때문이었다. 아내와 아이들은 자신의 마음 찌꺼기를 고스란히 받아먹고 있었다는 걸 L은 직면했다.

"우리 부부, 함께 상담받기로 했습니다. 다음엔 아내와 같이 올게요. 저희 부부가 달라지면, 아이들도 조금씩 건강해지겠지요? 지금도 늦었지만, 더 늦으면 우리 가족은 깨질 것 같습니다."

마음 저 밑에서 우러나오는 박수를, 힘껏 쳐 주었다. L과 그의 아내는 다음 회기부터 같이 방문했다. L의 아내는 남편의 변화가 놀라워 따라온 것이라 했지만 상담 종결 즈음엔 아내가 더 상담에 적극적이었다. 그들은 인생의 위기를 성공적으로 헤쳐나갔다. 위기는 곧 기회란 말이 있다. 중년에는 몸과 마음이 함께 흔들리는 위기를 맞는다. 기회로 만들기 위해선 찾아온 위기를 피하지 말고 적극적으로 변화하려 노력해야 한다. L은 위기의 고비를 힘겹게 넘어 다양한 기회를 그러쥔 안정된 중년 남자로 살아가고 있다. 더불어 색소폰 동호회에서 여전히 왕성한 활동 중이다.

비에 젖은 낙엽처럼 사느냐, 붉은빛을 한껏 뽐내는 단풍으로 사느냐는 선택의 문제를 넘어 인생의 중요한 과제다. 이 땅의 중년 남자들에게 열렬한 응원을 보낸다.

6 부모 역할은 여기까지야

서로의 아픈 닮은꼴,
엄마와 딸

우리는 어른들에게 꼭 너 같은 자식 낳아서 길러보라는, 악담 같은 예언을 듣고 자랐다. 때때로 틀리지만 대부분 그 말은 너무 잘 맞아서 소름이 돋곤 한다. 기막힌 정확성에 다들 놀란다. 그리고 반성한다. 그 시절 부모 말을 잘 들을걸, 그랬더라면 이렇게 속상하지는 않을 텐데, 자는 자식의 얼굴을 향해 눈을 흘긴다. 어린 시절 그 모습으로 그대로 자라면 얼마나 좋을까 하는 의미 없는 바람을 가져보지만, 아이들은 시간보다 더 빨리 성장하고 생각보다 더 많이 속을 긁는다.

P는 회사 생활을 하는 딸과 대학생인 아들을 각각 하나씩 두었다. P에게 아이들은 자랑거리이자 행복이며 삶의 의미였다. 자신에게 무슨 복이 있어서 남들이 부러워할 만큼 모든 걸 다 갖춘 아이들이 내 속에서 나왔나 싶었다. 늘 감사했고 즐거웠다. 아이들만 바라보고 있으면 안 먹어도 좋았다. 이대로만 계속 살아간다면 죽을 때까지 아무런 걱정 없이 살 것만 같았다. 아이들이 자신의 마음에 드는 배우자들을 데리고 오면 더할 나위 없이

기쁠 거라며 주변에 은근히 자랑했다. 삶의 전부가 아이들이라 해도 과언이 아닌 P가 병원에 갑자기 입원했다는 소식이 들려왔다. 친구들이 연락을 취했지만, 연결되지 않았다. 아무도 근황을 아는 이가 없었다.

소식을 궁금해하고 있던 어느 날 P가 나를 찾아왔다.

"우리 딸이 결혼하고 싶다고 데리고 온 사람이 있는데 억장이 무너졌어. 골라도 어떻게 그런 사람을 골랐는지… 애랑 싸우다 혈압이 너무 올라 응급실에 실려 갔더랬어. 병원에 며칠 있다가 나왔네."

P의 안색이 썩 좋지 않았다. 퇴원할 정도로 몸은 회복했지만, 여전히 마음앓이는 하고 있었다. 딸과 싸움 역시 아직도 진행 중이었다. P의 딸은 어릴 때부터 엄마 말이라면 한 번도 거역한 적 없고 말썽도 부리지 않았다. 모범생으로 자라 명문대학교에 진학했음은 물론 남들이 가고 싶어도 못 가는 우리나라 굴지의 회사에 취직도 했다. P는 자신에게 너무나 자랑스러운 딸이기에 그에 걸맞은 조건을 갖춘 사람이 사위가 되었으면 했다. 자신의 바람을 딸의 귀에 딱지가 앉을 정도로 말했다. 그럴 때마다 어쩐 일인지 딸은 별 대꾸를 하지 않았던 게 마음에 걸렸단다. 아직 만나는 사람이 없어 현실감이 없나 보다, 라는 생각만

했더랬다.

"내 딸보다 학력이 훨씬 떨어져. 그리고 집안도 형편없어. 아직 학교 다니는 동생들이 둘이란다. 그 뒤를 봐줘야 한대나 뭐라나. 부모 도움 안 받고 자수성가해서 작은 회사를 운영한다는 데 그런 것도 마음에 안 들어. 언제 망할지 어떻게 아니?"

P는 딸의 남자 친구 조건이 머리부터 발끝까지 마음에 들지 않았다. 남자 친구가 처해 있는 현재 상황 몇 가지만 듣고 길길이 화를 냈다. 더는 들어보려고 하지도 않았다. 이야기를 들어봤자 뻔하다는 거다. P는 딸에게 너무나 실망해서 집을 나가라고 했다. 화가 나서 한 말인데 딸은 정말 짐을 싸서 나가버렸다. 그렇게까지 만든 건 다 남자 친구 때문이라며 더 분통을 터뜨렸다. P는 한참을 기운차게 화를 품어내더니 기운이 소진돼서 집으로 돌아갔다.

P의 결혼 과정을 알고 있는 나는 집으로 돌아가는 P의 뒷모습을 보며 한 문장이 생각이 나서 슬쩍 웃음이 나왔다. '역사는 반복된다'는 말이 떠올라서다. P 역시 대단한(?) 결혼을 했다. 맏딸인 P는 부모의 기대를 받으며 자랐다. 부모님 뜻에 어긋나지 않게 성장했고 동생들에게는 모범이 되는 언니와 누나였다. 그

러나 결혼만큼은 달랐다. P는 부모가 열렬하게 반대하는 연애를 굳세게 감행했고 끝끝내 결혼에 도달했다. P의 부모가 반대하는 이유는 여러 가지였지만, 그중 가장 큰 요인은 형제 많은 집의 장남이면서 집안 형편이 P의 집보다 기운다는 거였다. 사랑으로 모든 걸 극복할 거라며 P는 눈물의 결혼식을 올렸었다.

참으로 비슷했다. P와 그의 딸은 닮은 꼴이었다. 둘만 모르는 것 같았다. 자라면서 몇 번 만난 적이 있는 P의 딸 이야기를 들어보고 싶었다. 다행히도 내게 딸의 전화번호가 있었다. P의 딸 역시 나를 만나고 싶었단다. P의 딸은 P와는 달리 차분했다. 엄마가 자신 때문에 힘들어하고 있음을 잘 알고 있었다. 엄마의 건강이 더 나빠질까 봐 걱정도 많았다. 하지만 P의 딸은 결혼만큼은 양보할 수 없단다. 자기의 생각을 똑 부러지게 말하는 P의 딸은 젊은 날의 P와 판박이였다.

"엄마 아빠의 기대에 어긋나지 않게 행동하려고 무진 애를 쓰며 살았어요. 누나니까 남동생의 본이 돼야 한다 해서 흐트러지지 않으려고 했어요. 힘들었지요. 부모님은 몰라요. 남자 친구는 저를 참 자유롭게 해줘요. 많이 웃게 만들어 주고요. 아빠는 장남이고, 고지식해서 가족 모두 답답하고 힘든 적 많았어요. 엄마도 힘들었으면서… 저를 조금만 이해해 주었으면 좋겠어요."

이대로 가다간 모녀가 평행선을 가겠다는 생각에 P와 딸을 같이 만났다. 딸이 집을 나간 후 오랜만에 서로 얼굴을 보는 거였다. 여전히 P는 화가 나 있는 상태였고 딸 역시 고집을 꺾을 생각이 없어 보였다. 나로선 의도치 않은 가족 상담을 하게 됐다. 둘 다 서로가 진솔하게 이야기 나누는 시간이 필요해 보여서 그들을 만나기로 했다. 실은 P의 딸이 간곡하게 상담을 부탁했기 때문이기도 했다. P의 딸은 엄마와 관계를 회복하고 싶었다. 엄마가 자신을 이해할 수 있는 시간을 만들고 싶었다. 그리고 딸은, 엄마를 진심으로 이해하고 싶었다.

상담을 진행하면서 알게 됐다. P는 부모의 반대를 무릅쓰고 자기 뜻대로 결혼은 했지만 이내 현실을 알게 됐단다. 학비부터 결혼에 이르기까지 돌봐줘야 했던 시동생, 시누이들도 있었던 데다가, 시부모들도 P의 남편에게 의존해 왔다. 시집 식구들의 모든 짐을 P와 남편이 짊어져야만 했다. 그 생활은 지금까지 계속되고 있었다. 또 P의 친정과 문화가 다른 시집에 적응하기까지 많은 시간을 힘들게 보내야 했다. 오로지 남편만 믿고 결혼한 P는 너무나 실망했다. 남편은, 연애할 때와 다른 남자였다. 무뚝뚝하고 고집 세고 보수적인 남자였던 거다. 그 점을 연애할 때는 보지 못했다. P가 기댈 곳은 아이들뿐이었다. 특히 말 잘 듣고 살갑고 위로가 되는 딸은 심리적인 남편이자 친구였다. 딸이 연애한다는 자체가 P는 싫었다. 영원히 자신 옆에 붙들어 두고 싶었다. 그래서 결사적으로 반대를 한 거였다고 털어놓았다. 엄마로서 쉽게 드러내기 힘든 마음의 소리였다.

  P의 딸은 엄마처럼 살기 싫었다. 어느 날부터인가 엄마는 자신을 붙들고 하소연했다. 아마도 초등학교 저학년 무렵부터 시작된 것 같다. 아빠의 흉을 보고 친가의 식구들 험담을 자신에게 늘어놓았다. 처음에는 듣기 싫었지만 어느샌가 아빠와 친가 식구들이 엄마 말처럼 안 좋게 보이기 시작했단다. 딸은 엄마와 아빠가 오랜 연애를 했고 부모가 반대하는 결혼까지 감행했으면서 어린 자기를 붙들고 왜 그리 불평하는지 알 수는 없었다. 하지만 분명한 건 있었다. 엄마는 딸인 자신이 옆에서 불평을 들어주어야만 좋아한다는 것을. 그렇게 다 듣고 나면 항상 네가 있어 의지가 된다고 했고, 너밖에 없다며 부담을 주었다. 그런 말이 참 싫었단다. 하지만 엄마의 불평을 듣기 싫다고 반항하면 엄마가 더 슬퍼할 거라는 걸 잘 알기에 그럴 수도 없다. 그래서 결심했다. 아빠와 반대 성향을 만나야 엄마처럼 살지 않고 행복해질 거라 믿었다. 또 불행해지지 않으려면 아빠 같은 사람을 만나지 않는 게 훗날 자신의 아이를 위한 길이라고도 생각했다. 엄마의 불평을 들으며 자란 딸은 그 마음을 깊이깊이 간직하며 성장해 왔다.

둘은 서로의 이야기를 듣고 깜짝 놀랐다. 특히 엄마인 P는 딸의 진솔한 말을 듣고 당황했다. 살면서 한 번도 생각하지 못했던 이야기가 딸의 입에서 나왔기 때문이다. 여태껏 딸은 심성이 착해서 자신의 이야기를 잘 들어주고 있다고 생각했는데 그게 아니었다는 사실에 마음 아파했다. 딸은 은연중 엄마의 감정 쓰레기통 역할을 해온 거였다. P는 딸 앞에서 하염없이 울었다. 그 누구도 아닌 자신이 딸을 그렇게나 힘들게 했다는 게 너무나도 미안해서 딸을 붙잡고 소리 내어 울었다. 엄마를 끌어안은 딸도 아프게 같이 울었다.

딸은 집에 돌아가지 않기로 했다. P도 동의했다. 그동안 둘은 강력하게 밀착이 되어 마치 하나인 듯 뭉쳐져 있었다. 그것은 건강한 상태가 아니다. 가족이란, 똘똘 뭉쳐서 하나가 되는 게 건강하다고 사람들은 오해한다. 아이가 아주 어렸을 때는 가능할 수 있다. 가족도 나이를 먹고 성장하는 유기체다. 어느 시기를 지나면 부모와 자녀는 심리적으로든 경제적으로든 독립해야 마땅하다. P의 딸은 어릴 때부터 엄마의 정서를 그대로 흡수하며 힘들다는 말 한마디 하지 못한 채 지쳐갔다. P는 '사랑'이라는 이름을 내걸고 딸을 정서적으로 갉아먹고 있었다. 둘은 물리적으로 거리를 둔 채 연락을 하면서 지내는 '따로 또 같이' 방법을 택했다. 한동안 그렇게 지내며 각자가 건강한 상태를 만들기로 했다.

가족은 너무나 가까워서 서로의 분노 타깃이 되기 쉽다. 자신의 원가족(결혼 전 가족)에게 상처받고 자란 사람일수록 결혼 후 가족 안에서 그 상처를 반복하기 마련이다. 우리는 가족이라면 마땅히 이래야 한다는 비합리적인 가족 신화에 사로잡혀 있다. 가족은 무조건 사랑하고 희생해야 한다는 사고가 팽배할수록 가족의 비합리적 신화는 견고하다. 그 때문에, 가족으로부터 이탈된 개인은 벌을 받거나 내쳐진다. 건강하지 못한 가족일수록 비합리적 가족 신화의 믿음은 단단하며 불행 대물림으로 결국, 깨지게 된다. 건강한 가족이 되려면 민주적이어야 하고 가족 간 소통이 원활해야 하며 특히 비언어적인 소통방식이 진솔해야 한다.

P와 딸은 적당한 거리 유지를 하며 잘 지내고 있다. P는 결혼에 대한 부분도 딸의 생각을 따르기로 했다. 딸 역시 결혼에 대해 다시 한번 깊게 생각하기로 했다. 역시 가족은 떨어져 봐야 하나 보다. 가까이 있을 때 느끼지 못했던 걸 떨어져 있을 때 알게 되니 말이다. 중년 엄마와 성인 딸은 이제야 비로소 서로를 알아가며 성장 중이다. 모녀 관계, 가깝고도 어렵다.

헛헛한 가슴, 빈둥지증후군

"아이들이 크면 품을 떠나는 게 당연한 건데 다 떠나니 혼자 남겨진 것 같아요…."

S의 딸과 아들은 거의 동시에 집을 떠났다. 딸은 일본에 취업이 됐고, 아들은 입대하는 바람에 어쩌다 보니 한꺼번에 부모 품을 떠나게 됐다. S의 아이들은 다른 집 아이들보다 유난히 곰살맞고 다정했다. 아마도 아빠를 닮은 모양이라고 S는 말했다. 자신의 유전자였으면 그렇게 배려심 많고 다감한 아이들이 아니었을 거라며 글썽였다. S의 가족은 무척 화목했다. 아이들이 잘 자라준 건 모두 남편 덕분이라 했지만, S 역시 허용적이고 관대한 엄마였다. S 부부는 아이들이 무엇이든 스스로 하게끔 놔줬을 뿐 앞장서서 앞길을 열어주는 부모는 아니었다. S의 딸과 아들은 독립적으로 성장했다.

아이들이 어렸을 땐 여러 상황이 좋지 않았다. 집안 사정도 지금보다 넉넉지 않았고, 시부모님도 편찮으셨다. 아이들끼리 집을 보게 했던 일도 잦아서 항상 미안했다. 그래도 아이들은 별 탈 없이 성장해서 자기 앞가림을 잘하고 있다. 딸은 대학 입학부터 스스로 길을 찾아다녀 오늘에 이르렀고, 아들은 대학 1년을 마치자마자 입대를 선택했다. 둘 다 부모님에게 손을 벌리는 나이는 지났다며 장래를 생각해 내린 결정들이란다. 부모의 심경을 잘 헤아리는 아이들이 앞다투어 집을 떠나버리니 S는 그동안 못 해 준 것만 생각나서 견디기가 힘들었다. 아이들이 지내던 방을 열어보며 매일 눈물 바람이었다. 이제야말로 엄마로서 따뜻하게 충분히 챙겨줄 시간 여유와 약간의 금전도 생겼는데 아이들은 저 멀리 떠나고 없다. 가끔 아이들이 집에 있다고 착각해서 이름을 부르기도 했다. S는 날이 갈수록 우울감이 깊어졌다.

부모들도 알고 있다. 언젠가 아이들은 내 품을 떠날 거라는 걸. 막상 그 시기가 오면 아이들을 붙잡고 싶은 마음에 초조해진다. 사실 '빈둥지증후군'이 생기는 이유는 복합적이다. 함께 있던 아이들이 집을 떠났다고 해서 허탈하고 우울하다면, 세상의 모든 부모에게 빈둥지증후군이 생겨야 한다. 빈둥지증후군은 아이들에게 몰입한 부모, 더 엄밀하게 말하자면 아이들 교육이나 일상생활에 과몰입된 엄마일수록 더 쉽게 생긴다. 그리고 하필 엄마가 갱년기에 들어섰을 때 빈둥지증후군은 강하게 찾아와 흔들어 놓는다.

C는 최근 하나밖에 없는 아들을 결혼시켰다. 아이가 아주 어릴 때 이혼하고 혼자 아들을 키우면서 고생은 많았지만, 건강하게 자라준 게 늘 고마웠다. 아이가 중학교 때, 재혼의 기회가 있었으나 포기했다. 예민한 청소년 시기에 새로운 환경이 되면 스트레스를 받을까 염려됐기 때문이다. 오직 아들 하나만 바라보고 살아왔다. 아이를 위해서라면 내 인생은 어떻게 되든 상관없다고 생각하며 지금까지 버텼다. 그렇게 키운 아이가 결혼식을 올리고 C를 떠났다.

"남들은 며느리 얻어서 좋겠다고 하네요. 하지만 지금껏 엄마밖에 모르던 아들이었는데, 다른 여자랑 산다고 하니 솔직히 섭섭합니다. 엄마가 이래선 안 되는데… 버려진 느낌이 들어요."

C는 아들의 결혼식을 마치고 돌아와 집에 혼자 덩그러니 앉아 있으니 무언가 자신의 등을 누르는 느낌이 들었단다. 그동안 아들의 결혼 준비로 바쁘고 힘들어서 그런가 싶어 동네 사우나에 가서 한참 동안 있다가 왔다. 집에 돌아오면 괜찮을 줄 알았는데 여전했다. 몸은 더욱 물먹은 솜처럼 가라앉고 손가락 끝에서 기운이 다 빠져나가는 것 같았다. 그날 이후로 C는 물만 겨우 조금 마셨을 뿐 3일을 누워만 있었다고 했다. 그리고 4일째 되는 날부

터 아무 일도 없이 비어 있는 아들 방에 들어갔다 나왔다 몇 번이고 반복했다. 주저앉아 눈물이 하염없이 흘렀다고 했다. C는 아들이 떠난 빈자리가 너무 커서 견딜 수가 없었단다. 삶의 전부였던 아들은 결혼한 게 아니라 마치 자신의 가슴속에서 죽은 듯 며칠을 흐느꼈다며 또 눈시울이 붉어졌다.

아이가 성장하면 엄마의 역할은 조금씩 줄어든다. 그를 알면서도 어떤 엄마는 장성한 아이가 자신을 계속 찾게끔 만들어 놓는다. 그것만이 자신의 존재감이기 때문이다. C는 특히 아들에게 아빠의 부재를 느끼지 않게 해 주려고 온몸을 던져 노력했다. C에게 아들은 세상 전부였고 아들은 곧 C였다. 아들의 결혼으로 인해 C는 아들이 자신을 더는 필요로 하지 않을 거라 확신했다. 극도의 우울감을 느낀 C는 자살 충동마저 느꼈다고 했다.

W는 삼 남매의 엄마다. 연년생인 딸 둘을 낳은 뒤 마흔이 넘어 생긴 늦둥이가 막내아들이다.

다 큰딸들은 엄마가 막내만 끼고돈다며 눈을 흘기지만, 막내인 아들은 아직 어린 티를 못 벗고 철이 없는 것 같아 항상 W는 마음이 쓰인다. 그런 막내가 유학을 떠났다. 국내에서 대학을 보내기보다 좀 더 큰 세상에서 보고 배우기를 바라는 마음에 있는 돈 없는 돈을 끌어다 아이를 멀리 보내기로 했다. 늦둥이 아들이 영국으로 떠나는 날 W는 아들을 잘 보낼 줄 알았단다. 공항에서 인사를 할 때까지만 해도 덤덤했는데 집에 돌아와 아들 방을 정리하려고 들어서자마자 눈물이 쏟아져 그치지 않았다고 했다. 그렇게 일주일을 보냈다. W의 일상은 흐트러졌다. 두 딸과 남편이 위로했지만 아무런 도움이 되질 않았다. 괜히 보냈다는 생각에 아들 있는 곳으로 가서 함께 살까 하고 심각하게 고민을 했다.

"어린 아기였을 때부터 아들은 병치레를 많이 했어요. 이 것저것 손이 많이 가는 아이였지요.
누나들은 수월하게 키웠는데 아들은 자주 아프니까 품에 끼고 살았어요. 혹시나 잘못될까 봐.
영국에서 밥은 잘 챙겨 먹고 있는지 항상 걱정이에요."

W는 아들과 매일 메신저로 안부 인사를 하고 일상을 공유했다. 심지어 영상통화를 하면서도 돌아서면 보고 싶어서 자꾸 눈물이 났다. 당장이라도 달려가려고 짐을 꾸려 놓았다고 했다. 남편과 딸들이 말려서 참는 중이지만 어느 순간 자신은 영국행 비행기를 탈지도 모른단다. 아들이 기숙사에서 생활하기 때문에 지금은 못 가지만 언젠가 집을 얻어 영국에서 같이 살고 싶다고 했다. 자신이 잘못된 생각을 하고 있는지 알고 싶다며 내게 반문해 왔다.

위의 세 사람은 오래전 모 센터에서 진행한 '중년 여성의 빈둥지증후군 극복하기 프로그램'에 참가한 이들이다. 각기 나이와 상황은 달랐지만 모두, 아이들이 떠난 빈 둥지에서 힘든 나날을 보내고 있다는 공통점이 있었다. 그들은 아이들을 이제는 떠나보내야 한다는 사실을 머리로만 알뿐 가슴으로는 인정하지 못하고 있었다. 우리는 함께 현실을 진정으로 자각하는 일부터 시작했다. 그리고 아기를 키우는 엄마가 아닌 성인 자녀가 있는 엄마로서 살아가는 방법에 대해 설계하기로 했다.

처음엔 아이를 떠나보내야 한다는 걸 인정하는 것조차 버거워했다. 마치 아이가 영영 자신에게로 돌아오지 않을 것만 같다며 불안해하고 두려워했다. 그들이 힘들어하는 건 아이가 자신을 떠나는 게 아니었다. 실은 혼자 남겨져 자신이 먼지처럼 사라질 것 같은 위기감이 무서운 거였다. 우리는 같이 견디며 극복해 가기로 했다. 같은 처지에 있는 이들은 서로를 끌어안는 연대 의식이 있다. 빈 둥지에 있던 중년의 엄마들은 서로를 지지하며 어두운 둥지를 박차고 나왔다.

S는 지역주민센터에서 수어를 배우기 시작했다. 방송에서 수어 통역사들을 볼 때마다 대단하다고 생각했단다. 자신도 언젠가 기회가 되면 배워보고 싶다고 막연하게만 바랐는데 지금이 그때가 된 것 같다며 도전했다. 끝까지 잘 배워서 청각장애인들을 위한 자원봉사를 하고 싶다고 했다. S는 이제 막 배우기 시작

한 수어 '감사합니다'를 우리에게 가르쳐 주었다. 수어를 배우러 나가는 날은 그렇게 설렐 수 없단다. 아이들이 언젠가 집으로 돌아오는 날, 수어를 제대로 할 줄 아는 엄마의 모습을 보여주고 싶다며 웃어 보였다.

"아들이 신혼여행에서 돌아와서는 깜짝 놀라더라고요. 그동안 거의 먹지 못해서 많이 야위었거든요. 아들 눈에서 눈물이 글썽이는데, 정신이 차려졌어요. 아들이 마음 아파하는 건 못 보겠더라고요."

C는 신혼여행에서 돌아온 아들과 며느리를 맞이한 후 서둘러 신혼집으로 가라고 등을 떠밀었다. 엄마가 무너져 있는 모습을 아들은 원하지 않을 거라는 생각이 그제야 비로소 들었단다. C는 아들이 신혼집으로 돌아간 후 바로 가방을 쌌다. 그리곤 고향인 해남으로 향했다. 친정어머니는 이미 돌아가셨지만, C의 오빠들은 아직도 고향에 살고 있었다. 이혼한 후 찾지 않았던 친정이었다. 명절에도 못 갔던 그리운 친정에서 며칠 묵으며 원기 회복을 했단다. 당분간 서울과 해남을 오가며 지낼 예정이라 했다. 친정 오빠가 펜션을 운영하는 데 일손을 보태며 중년 이후 삶의 방향을 찾고 싶다고 했다.

W는 여권을 항상 갖고 다녔다. 언제라도 아들에게 떠날 것처럼 밀이다. 어느 날 W는 결심한 듯 말했다. 프로그램이 끝나면 인도로 떠날 거라고. 진작부터 명상을 좀 더 심도 있게 공부하고 싶었는데 늦둥이 때문에 포기했었다. 인도에 다녀와서는 대학원 진학을 하고 싶단다. 늦은 나이지만 도전해 보겠다 했다. 아이는 생각보다 학교생활에 너무나 적응을 잘하고 있어서 안심했다며, 마음 놓고 돌아다녀도 될 것 같다고 했다. 아주 오랜만에 W는 건치를 보이며 크게 웃었다. 돌이켜보니 엄마가 아이보다 덜 떨어졌다면서 또 모두를 웃게 했다.

빈 둥지란 말 그대로 둥지가 비어 있다는 말이다. 비어 있으니 이제 채우면 된다. 아이들이 한가득 차 있었다가 빠져나간 비어 있는 마음 공간에 자신만의 삶을 채워 넣으면 된다. 헛헛해진 마음은 자신만이 채울 수 있다. 빈 둥지가 다시 온 둥지로 되는 날 그땐 분명 지금과는 다른 둥지가 되어 있을 거다. 그러기 위해 오늘부터 둥지를 채우기 위한 나뭇가지라도 하나 들고 오자. 혹 누가 아는가. 지푸라기 둥지였던 내 마음 공간이 황금 둥지가 될지.

자식에게 투자는 그만

70년생 A는, 명예퇴직했다. 아직 아내와 아이들은 모르고 있다. 매일 출근 시간에 어김없이 나와 도서관으로 향한 지 1년, 서서히 지쳐갔다. 이력서를 낸 곳만 87곳. 아직 연락 온 회사는 한 군데도 없다. 오십이 넘은 사람을 반갑게 채용해 줄 곳은 아마도 없는 것 같다. 그래도 꾸준히 이력서는 넣을 예정이란다. 모아 놓은 돈이 조금이라도 있으면 대출을 끼고라도 자영업에 도전해 볼 텐데 그마저도 여의치 않다. 매일매일 살아가기 빠듯하다.

학교 다니는 아이만 셋이다. 대학생 아이들과 고등학교에 다니는 막내, 앞으로도 아이들에게 들어가야 할 돈을 생각하면 답답하다. 그나마 큰아이가 올해 군대에 갔기 때문에 소금 숨통은 트이지만, 고등학생인 막내의 학원비까지 대려면 눈앞이 캄캄하다. 야간에 하는 택배 일을 하고 싶은데 언제쯤 가족에게 자신의 명예퇴직 이야기를 해야 할지 몰라 주저하고 있다. 지금까지 살아오면서 A는, 요즘이 가장 힘들다고 했다. 자신의 아버지를 보면 오래도록 일하다 정년퇴직하는 게 자연스러웠는데 이렇게 중간에 밀려나니 삶의 희망마저 보이지 않는단다. 그래도 세 아이 때문에 버틴다면서 눈물을 참느라 얼굴이 붉어졌다.

　1964년부터 74년 사이에 태어난 이들은 지금 50, 60대가 됐다. 이들을 '제2차 베이비부머 세대'라 부른다. 고도 성장기와 민주화, 외환위기를 겪은 5060들은 우리나라 경제의 허리 역할을 담당했다. 성장의 눈부심도 알고 있지만, 돈이 없어 국가가 위기에 처한 현실을 눈으로 보며 살았다. 그 어느 인생인들 달고 씀을 맛보지 않은 삶이 있을까마는 2차 베이비부머들은 단맛과 쓴맛을 제대로 맛보며 나이를 먹었다. 그래서인지 꺾어질 때 괴로움을 더 진하게 느끼는 것 같다. 아파봤던 이들은 그 통증을 기억하기 때문이다.
　'제1차 베이비부머 세대'들은 1955년에서 63년생들로 이미 퇴직과 은퇴를 한 이들이다. 노년기에 접어든 이들로 중년들과 생애 과업이 비슷한 듯 다르다. 중년들은 아직 치러야 할 인륜지대사들이 남아 있지만, 노년들은 이미 일부는 끝낸 사람들도 많다. 과제가 남아 있는 중년들은 노년과 달리 아직도 챙겨야 할 사람들이 있고 꼭 해야만 하는 일이 있다. 자신보다 남을 위해 시간을 보내는 경우가 많다. 그래서 돌아보면 그렇게 허한 거다.

O는 결혼하고 늦게 본 외아들을 국내 글로벌 캠퍼스가 있는 대학에 진학시켰다. 어릴 때부터 오냐오냐 키워온 아들은 부모의 뜻대로 자라주지 않았다. 이런저런 말썽이 많았으며 커 갈수록 점점 부모를 힘들게 했다. O는 아들이 다니기엔 국내 대학은 적절하지 않다고 판단, 재산을 털어 글로벌 캠퍼스가 있는 대학에 보냈다. 국내 대학보다 몇 배나 비싼 등록금, 자취 비용과 생활비 등으로 허리가 휠 정도다. 이렇게 돈을 털어 넣어 외아들이 잘되기만 한다면 그 어떤 어려움도 감수하겠다고 했다.

부모님께 받은 것이 없었으면 어쩔 뻔했는지 모른다며 O는 한숨을 내쉬었다. O의 아들은 어렸을 때부터 각종 사고를 치는 바람에 뒷수습 비용이 어마어마하게 깨졌다. 공기업에 다니는 O는 자신의 월급만으로도 세 식구 풍족하게 살 수 있는데 아들의 사고처리비용 때문에 막대한 돈이 부스러지고 있다고 했다. 뒤처리를 잘해주었던 덕분에 O는 아직 아들에게 무시당하지는 않고 있다며 씁쓸하게 웃었다. 그러나 퇴직하고 자신의 수중에 돈이 없을 때 아들이 어떻게 나올지 모르겠다며 고개를 떨궜다.

우리나라 부모들의 자녀 교육비 지출은 세계에서 1위란다. 실제로 주변에서 자녀들 교육에 돈을 대느라 등골이 휜다는 말을 많이 들었다. 부모는 아이들이 자신보다 좀 더 나은 환경에서 살기를 바라며 교육에 힘을 쏟고 시간을 투자하고 돈을 부어 넣는다. 아이를 향한 부모들의 간절한 바람과 욕망으로 더욱 견고해진 서울의 강남 대치동은, 불 꺼질 틈 없는 사교육의 메카로 자리 잡은 지 이미 오래다. 영혼과 돈을 갈아 넣어 공부시킨 아이들이 과연 훗날 늙고 병든 부모를 살펴줄까. 지금부터라도 나를 부양할 돈을 키우는 게 낫지 않을까.

P는 이혼 후 아이들과 함께 본가로 들어갔다. 경제력이 있는 P의 부모는 P와 손주들을 차마 내칠 수 없었다. 위자료를 지급하고 나니 P 혼자서 아이들을 뒷바라지할 여윳돈이 없었다. 중년의 문턱에 진입한 P는 본가에서 살면서 경제적인 부분은 한숨 돌렸다. 하지만 이내 연로하신 아버지가 인지증을 앓으며 요양원에 입소하게 되었다. 매달 목돈이 아버지에게 들어가게 됐다. 경제권을 쥐고 있는 어머니는 손주들에게 들어가는 돈을 줄이겠다고 통보했다. 아버지와 자신의 노후가 손주들 때문에 흔들릴 것 같다며 함께 사는 것을 부담스러워했다.

아이들은 둘 다 고등학생이라 생각 외로 들어가는 돈이 많았다. 특히 둘째는 운동을 하고 있어서 가외의 돈이 들어가고 있다. P는 코로나 시절 이전에는 사업이 꽤 되는 편이었다. 그러다 코로나 직격탄을 맞으며 점점 쇠퇴하더니 결국 접게 됐다. 설상가상 이혼까지 한 탓에 돈줄은 꽉 막히고 말았다. P는 하루만 산다고 했다. 미래를 생각할 겨를도 희망도 없단다. 매일 버티는 마음으로 살다 보니 자신의 노후는 더더욱 생각하기 힘들다며 진저리를 쳤다.

코로나19와 세계 경제 위기로 중년들의 일자리가 무너졌다. 경기는 회복할 양상을 보이지 않고 있고 침체 상태로 막막한 시대에 살고 있다. 언제쯤 우리의 앞날은 환해질까, 아니 빛은 과연 있는 건지, 이제는 캄캄함을 기본값으로 살아야 하는 건 아닌지, 누군가에게 묻고 그 답을 얻고 싶지만 아무도 모른다. 한 치 앞도 보이지 않는 세상에 던져진 우리는 긴장해야만 한다. 넋을 놓고 있다가 결국 가난한 노년을 만나게 될 뿐이다.

A는 가족들에게 명예퇴직했다는 사실을 어렵게 알렸다. 가족들을 더는 속이고 살 수 없어서다. 그리고 이젠 하루라도 빨리 야간 택배 일을 해야 할 형편이었다. 가장 놀란 건 아내였다. 1년 동안 얼마나 힘들었냐며 A를 붙잡고 울었다. 아이들도 마음 아파하긴 마찬가지였지만 아내보다 의연하게 아빠를 위로하는 모습을 보고 A는 속상하면서도 든든했다. A는 더 열심히 살기로 했다. 야간에는 택배 일을 하고 주간에는 용접기사 자격증을 따기 위한 학원에 다닐 예정이란다.

"이대로 살 수는 없지 않겠습니까? 이전 삶을 어떻게 살았든 간에 현재가 중요한 거니까요. 남의 눈이 중요하지 않습니다. 아이들을 위해, 그리고 저를 위해 부지런히 또 앞만 보고 살 겁니다."

O는 아들을 일부러 군대에 보냈다. 말썽꾸러기 아들은 입대하기 싫어했지만, 반강제로 보내버렸다. 요즘 군대는 예전과 다르다고 하지만 아주 조금이나마 정신을 좀 차리게 하고 싶었단다. 그리고 제대하면 학비 말고는 다른 경제적 지원은 하지 않기로 했다. 아들의 반발도 어느 정도 예상하지만, 이제 본인의 노후 걱정을 해야 할 시기가 온 것 같단다. 자신의 부모님이 주신 것도 아들을 위해 다 털어주었지만 후회하고 있다고 했다. 퇴직금이 어느 정도 나올 걸 예상해서 분산 투자할 예정이란다. 아내에게 알리면 아들 귀에 들어갈지도 몰라 자신의 계획을 비밀로 할 거라며 웃었다.

"이것저것 다 털어서 학교를 보내놨지만, 아들놈이 여전히 정신 못 차리는 걸 보고 오히려 제가 정신 차렸습니다. 이제 아들에게 투자는 그만하기로요. 아내는 그래도 어떻게 그럴 수 있냐며 화를 냈지만 저는 단호해졌습니다. 아이는 자신의 인생을 살아야 합니다. 키워줬으니 저는 제 의무를 다했다고 봐요."

P는 아이들을 데리고 부모님 집에서 나왔다. 아이들의 투정은 심했다. 그동안 넓은 집에서 할머니가 차려주시는 밥을 먹으며 안락하게 지냈으니 그럴 만도 했다. P 역시 부모님 집에 얹혀 살았을 때는 불편한 부분이 없었다. 결혼 전과 같은 생활을 했다. 모든 걸 부모에게 의존하는 편안한 삶이었다. 같이 살기 힘들다는 어머니가 처음엔 야속했지만, 자신과 똑같이 게으르며 의존적으로 되어 가는 아이들을 보니 머리를 한 대 맞은 것 같았다. 그래서 부모님 집 가까운 곳에 작은 전셋집을 얻고 아이들에게도 공동생활의 규칙을 만들어 주었단다. 힘들어하고는 있지만 적응해 나갈 거라고 했다.

"저는 오래전에 요양보호사 자격증을 따놓은 게 있어요. 그 일을 할 겁니다. 먹고 살아야죠. 아이들에게도 이제 아무도 도와주지 않으니 정신 차리고 살자 했어요. 한 푼 두 푼 모아야죠. 저의 노후를 지금 생각하면 참 암담합니다."

자녀 교육비로 시달리는 이들을 '에듀 푸어(edu poor)'라고 한다. 번 돈을 다 아이들 교육비에 투자하다 자신의 미래는 생각하지도 못하는 중년들이 주로 그 계층에 있다. 실은 이들은 자녀 교육비만이 문제는 아니다. 부모 부양도 짊어지고 있기에 샌드위치로 낀 중년들의 노후는 불투명하기만 하다. 그러므로 중년들을 위한 사회보장제도가 현재 절실히 필요한 상황에 놓여 있다. 또 경제력을 상실한 가장들은 가족 구성원들과 단절될 가능성도 크기에 이들을 위한 심리 정서적 지원도 필요한 실정이다. 대한민국의 허리인 중년들은 지금 간신히 버티는 중이다. 자칫 아차 하는 순간, 아플 수도 없고 아파서도 안 되는 중년들이 쓰러질 수 있다. 그러면 도미노처럼 아이들에게, 연로한 부모들에게 미치는 영향은 상상을 초월한다.

우리는 이러다 노년 빈곤의 절벽으로 추락할지도 모른다. 나락으로 가기 전, 국가와 사회는 중년들에게 튼튼한 동아줄을 던져 주길 바란다. 열심히 살아온 중년이라면 반드시 그 줄을 잡고 일어설 거다. 살아온 세월만큼 힘이 있는 우리다.

7 친구, 나의 비빌 언덕

내 슬픔을 함께
등에 지고 가는 사람

B에게 전화가 왔다. 절친인 B는 놀라지 말라며 호들갑을 떨었다. 오래전 소식이 묘연해진 M이 자신에게 갑자기 연락이 왔다고 했다. 둘은 한참 동안 전화로 소식을 주고받았단다. 그런데 통화 말미에 M이 나를 보고 싶다고 했다며 목소리 톤을 높였다. 그 말을 들은 나도, 전해준 B도 잠시 말이 없었다. 잊고 살았던 친구 M이 살아(?)있다는 소식이 반가웠지만 우리는 그 옛날의 우리가 아니다. 세월을 좀 잡순 이들이기에 예상하지 못한 일이 벌어지면 일단 몸을 움츠리고 예의 주시한다. 그리고 뭔가 불순한 의도가 있는 건 아닌지 멈춰서 생각해 본다.

"응? M이 웬일이라니? 그린데 날 보고 싶다고? 갑자기? 왜? 무엇 때문에?"

온통 의문문으로 가득한 나의 화법에 B는 깔깔대며 웃었다. 자신도 묻고 싶은 부분이란다. 몇십 년 만에 등장한 M이 자신도 마냥 반갑지만은 않았다며 B는 느닷없이 목소리를 깔고는 내게 물었다. B는 시쳇말로 촉이 좋은 친구다. 이렇게 목소리를 나직하게 하는 건 확신이 드는 이야기를 할 때다.

"그런 말 있잖아. 왜. 갑자기 등장하는 동창생은 의심해 보라고. 오랜만에 나타나선 다단계에 끌어들이는 애들 있지? M도 혹시 그런 거 아닐까?"

사실 나도 B와 통화하면서 계속 비슷한 의심을 품었다. B의 말을 듣자마자 격하게 동의했다.

우리들의 순수성이 바닥임을 확인하자 서로 멋쩍게 웃고 말았다. 그럼에도 의문과 불신은 통화를 종료하기까지 계속됐다. 우리에겐 M의 등장이 달갑기보다 뜨악한 편에 가까웠기 때문이다. 반신반의하며 B를 통해 M과 만나기로 약속을 정했다. 꼭 셋이 만나자는 전제 조건을 내세우고 나서야 나는, 조금 안심했다. B 역시 M과 내가 단둘이 만나는 장면은 결단코 안 된다면서 동행을 자청했다. 절친은 절친이다.

B와 나는 M과 만나고 헤어진 후 자책과 반성을 돌아가며 했다. 우리가 너무 나이를 먹었구나, 험한 사건 사고를 많이 봐서 그런가, "반갑다 친구야."라고 하지 못했음을 마음 아파했다. 지독한 세월 탓에 콘크리트 같은 마음이 돼가고 있음을 서로에

게 고해성사했다. B와 나는 중년쯤 되니 세상살이의 교훈 하나 정도는 품으며 산다. 가장 믿을 수 없는 게 사람이라는 거, 우리는 가슴 속 교훈을 소리 내어 말은 안 했지만, 행간으로 이미 알고 있었다. 그런데 이번엔 우리가 여실히 틀렸다. M은 정말 B와 나를 보고 싶어 했고 사람을 그리워했으며 같은 방향을 보며 늙어갈 진짜 친구를 원했던 거였다. 그게 B와 나였다.

그동안 M은 머나먼 타국에서 남편과 힘들게 사업을 했었다. 여러 말 못 할 상황들이 겹치고 겹쳐 한국으로 돌아왔다. 몸과 마음은 이미 탈진되어 기력조차 없었다. 에너지가 고갈된 상태가 되니 고국에 돌아와서도 친구들을 만날 여유가 없었단다. 오랜 외국 생활로 예전에 맺었던 관계들은 다 떨어져 나갔고 기억 속에 남은 이들이 B와 나였다. M은 마음에 구멍이 뚫리는 중년이 되고 보니 해맑게 웃었던 기쁜 우리 젊은 날만 생각이 났단다. 그래서 어렵게 B를 찾았고 내게도 닿은 거였다. M은 연락하기까지 주저하고 망설였다고 했다. 혹시 돈 꿔달라는 부탁으로 연락한 것인 줄 알면 어쩌나 하는 생각이 들었단다. 그 말에 B도 나도 뜨끔했다. 우리 둘은 M이 말하는 동안 앞에 놓인 애꿎은 테이블만 노려봤다.

"너희들 생각 많이 했었다. 외국에 있으면 더 보고 싶고 그래. 그런데 사는 게 바쁘고 몸은 떨어져 있으니 언젠간 연락

해야지 했던 게 벌써 30년이 다 되어 가는구나. 미안하다."

 M은 우리 둘을 보며 글썽거렸다. M의 눈동자 속 우리의 모습이 희끗했다. 영근 포도알 같던 우리의 청춘은 누가 다 따갔을까. 마주한 얼굴에 적당한 체념과 은근한 여유로움을 가진 물렁한 젊음이 슬쩍 비쳤다. 친구의 나이 들어감을 보는 건 애처롭다. 거울같이 내가 보여서다. 자글거리는 주름의 향연을 펼치며 우리는 참으로 오랜만에 옛이야기로 배를 잡았다. 같은 기억이 있다는 건 순식간에 동질감을 두텁게 만든다. 못 보고 지내 왔던 시간의 허들을 손잡고 넘었다.

 중년의 친구는 어린 시절 친구와 다른 의미를 지닌다. 청춘들이 치러야 할 경험의 경계에는 친구도 있었다. 많은 친구를 사귈수록 삶도 풍부해졌고 깊이도 만들어졌으며 관계 그물망도 촘촘했다. 중년으로 갈수록 삶의 색깔 따라 친구도 달라진다. 오래된 친구와 마음도 쉽사리 맞춰지지 않고 살아가는 방식도 어긋난다. 이젠 새로운 관계를 짤 때다. 성글게 엮였던 친구가 단단해지기도 하고 죽고 못 살았던 이와의 관계가 소원해지기도 한다. 중년엔 서로의 빈 곳을 알아보고 채워주는 역할이 필요하다. 중년이 되면 사람을 보내고, 직장이 떠나가고, 건강이 무너지고, 그리고 젊음이 휘발되는, 상실을 반드시 경험하게 된다. 비어 있어 허전한 한편을 채워주는 사람을 만나고, 서로에게 그런 사람이 되어주자. 젊은 날 친구는 경험과 애착이었다면, 중년의 친구는 위로와 비빌 언덕이다.

G는 최근 남편과 사별했다. 오랜 암 투병을 했던 남편도 힘들었지만, 곁에서 간병하던 G의 고생도 만만치 않았다. 그럼에도 견디며 살았던 건 '앵무새 언니들' 덕분이었다. 올해 53살인 G보다 10년이나 어린 L과 7살 위인 E는 암 환자 자조 모임에서 만난 보호자들이다. 이들은 같은 처지에 있었다. 남편들이 모두 비슷한 암으로 투병 생활을 하고 있어 자연스럽게 가까워졌다. 놓여 있는 상황이 같으니 생각도 습관도 닮아갔다. 서로를 끈끈하게 아끼고 챙겼다.

이들의 자칭 '앵무새 언니들'이란 별명은 가장 어린 L의 아들이 보고 있던 책으로부터 나왔다. 앵무새 중 회색앵무새는 이타성을 갖고 있어서 혈연이 아니더라도 도움을 주는 행위를 한단다. 그를 본 L은 자신들이 마치 회색앵무새를 닮았다며 모임 이름을 '앵무새 언니들'이라 지었다. 셋은 나이도, 고향도, 가정 형편도 다르지만 겪고 있었던 아픔만은 같았다. 친해진 이후론 내 것, 네 것 할 것 없이 힘든 일은 힘껏 도왔고 즐거운 일도 함께했다. 그리고 G의 남편이 세상을 뜬 이후에도 곁을 지키며 마음을 나눴다.

"남편이 아프고 난 뒤 제 삶은 바뀌었어요. 특히 친구 관계는 완벽히 달라졌죠. 남편이 아프지도 않고 돈도 잘 벌던 시절의 내 친구들은 다 어디 갔는지 이젠 몰라요. 저도 연락 안 했지만, 남편이 아프니 점점 연락해 오는 게 소원해지데요. 이제는 앵무새 언니들이 제 친구입니다. 우린 평생 갈 거 같아요. L은 저보다 어려도 언니 같고요. E는 저보다 언니지만 오래 알아 온 친구처럼 모든 게 잘 통해요."

중년기에는 삶의 변화가 급격하다. 무언가 등장하기도 하지만 서둘러 소멸되기도 한다. 지금까지 경험하지 못했던 일들을 감당해야 할 때가 중년이다. 가족 구성원이 중한 병이라도 걸리게 되면 안 그래도 휘청이는 마음은 더욱 갈피 잡기 힘들다. 하소연이라도 할까 하고 친했던 사람들을 찾아보지만 나와 처지가 다르면 허공에 떠도는 말로 웅성이다가 분위기만 이상해진다. 들으나 마나 한 허접한 위로 한 덩이나 적선 받을 뿐이다. 괜한 짓을 했다 싶어 점점 친구들 모임에 나가지 않게 된다. 불편해서 친구들을 만나지 않는 일이 쌓이면 관계가 느슨해진다. 끊어지는 건 시간문제다.

중년의 친구들은 동갑이거나 비슷한 나이가 아니라도 된다. 물론 같은 나이대일수록 이해도가 높긴 하지만 꼭 그런 건 아니다. 사람을 이해하는 건 나이의 고저가 아니라 내면의 폭과 경험의 깊이가 하는 일이기 때문이다. 또 비슷한 처지에 놓이면 끌림이 남다르다. 진심 어린 응원과 지지를 주고받을 수 있으면 관계는 조금씩 부피감을 갖게 될 것이다. 마치 '앵무새 언니들'처럼 말이다. 친구라 불렀던 이들이 가슴 속에서 지워지고 남은 빈구석은 같은 입장에 놓인 이들이 메꿀 것이다. 사람이 떠난 자리, 사람으로 채워진다.

인디언 말에 친구란, 내 슬픔을 등에 지고 가는 자라 했다. 젊었을 땐 그 말의 의미를 제대로 몰랐다. 즐거움을 나눠도 모자랄 판에 내 슬픔을, 내가 아닌 친구라 부르는 이가 지고 간다고? 그냥 하는 말이겠거니, 우리와 다른 문화권에서는 그런가 보다, 한낱 바람 같은 말이라 생각해버렸다. 그렇게 인디언의 말을 한 귀로 흘리고 어쨌든 살았다. 살다 보니 이런 슬픔도 저런 애달픔도 겪었다. 모래사막 언덕에 앉아 지는 해를 바라보는 서러움도 있었다. 그리고 중년이 되고 보니 슬픔을 등에 진다는 말이 가진 뜻을 어렴풋이 알 것 같다. 한 사람의 친구가 된다는 건 어려운 일이다. 힘들고 아플 때 같이 울어주며 등을 쓸어주는 힘겨운 일을 진심으로 할 수 있어야만 친구라 부를 수 있다. 사람을 긍휼히 여기는 박애 정신이라야만, 슬픔을 등에 지고 갈 수 있다. 중년의 친구는 그래야 한다.

M과는 가끔 연락을 주고받는다. 각자 하는 일이 바쁜 이유로

자주 안부를 주고받거나 만나지는 못하지만, 간간이 평범한 일상을 말하고 걱정해 준다. 최근의 우리 관심사는 건강이다. 부쩍 기력이 쇠해진 M에게 건강에 좋은 음식과 약의 정보를 공유했다. M은 언제 우리가 이런 나이가 돼버렸냐고 툴툴댔지만, 어쩌겠는가, 이게 인생인걸. 세월 지나 혹 서로를 못 알아보는 그런 날이 오면 그 슬픔을 등에 지고 가주기로 했다. 우리는 친구니까.

그런데 B야, M아. 너희들은 옛날 그대로더라. 하나도 안 늙… (이런 말 하면 나이 든 사람이라는 거 너무 잘 알고 있다. 그래도 괜찮다. 내 친구들은 옛날 그 모습이다. 진짜다.)

하나둘씩 세상을 떠나

친구가 죽었다. 자다가 갑자기 떠났다. 병도 아니고, 사고도 아니고, 돌연사였다. 남편과 아이들을 두고 친구는 여행 가듯 가버렸다. 황망하다는 말이 참으로 적절해서 어쩔 줄을 몰랐다. 친구의 장례식에서 떠난 친구를 기억하다, 울다가, 멍하니 아무 말도 하지 못하다 돌아왔다. 일이 손에 잡히지 않았다. 얼마 전까지만 해도 서로의 안부를 물으며 다정했던 친구가 인사 한마디 없이 가버리다니… 농담 같은 현실이 믿어지지 않아 털썩 주저앉는 일이 잦았다.

누구나 죽는다. 변치 않는 진리다. 그러나 생각지도 못한 죽음과 맞닥뜨리게 되면 당황하게 된다. 떠나보낼 마음의 준비가 되지 않은 친구의 죽음으로 깨달음이 왔나. 나도 죽을 수 있다는, 너무나 당연한 진실을 그제야 알아챘다. 살면서 젊은 나이에 병으로 먼저 간 친구가 있기는 했지만, 그때는 죽음이 실감 되지 않았다. 나의 이야기가 아닌 것처럼 살았다. 언젠간 나도 가겠지, 죽음을 막연한 미래에 두었다. 웰빙이니 웰다잉이니 하는 말은 학문 용어처럼 거리감이 있었다.

"D가 암 병동에 들어갔대. 시간 되면 얼굴 보러 같이 가자."

친구 D의 암 투병 소식이 들려왔다. 제일 먼저 D의 아이들이 떠올랐다. 조금 늦은 결혼으로 D의 아이들은 친구들의 자녀들보다 나이가 어렸다. 아직 치러야 할 일도 많고 커가는 뒷바라지도 해줘야 할 때인데 암이라니. 요즘은 약도 좋고 의술도 좋으니 잘 치료하면 완쾌할 거라는 믿음으로 D를 찾았다. 환자복을 입은 모습이 다소 낯설었지만, 웃는 낯으로 반겨주어 한결 마음이 놓였다가 D의 현재 상태를 듣곤 절망했다.

"나, 얼마 안 남았대. 너희들, 괜찮은 정신일 때 봐 두려고 연락했네. 바쁜데 오라 해서 미안하다. 다들 잘 지내고 있지?"

덤덤하게 자신의 상황을 말하면서 심지어 우리의 안부를 묻는 D에게 대답도, 그렇다고 질문도 할 수 없었다. 살날이 얼마 남지 않았다는 걸 이렇게 건조하게 말할 수 있을까, 아무런 말도 하지 않고 얼굴만 쳐다보고 있는 우리를 D는 눈으로 쓰다듬었다. 우리의 눈부셨던 지나간 청춘을 회상해야 할까, 그동안 투병하느라 얼마나 힘들었는지 물어야 하는 걸까, 아니면 남겨질 아이들에겐 어떻게 말해 두었냐며 현실적인 준비를 걱정해야 하는 걸까, 곧 닥칠 본인의 죽음을 알리는 D의 손을 잡고 고개만 끄덕였다. 우리가 할 수 있는 건 그것밖에 없었다. 눈동자는 허공에서 허우적댔고, 말은 이어지지 않아 우리 사이에서 뚝뚝 부러졌다.

벚꽃이 달콤한 바람을 타고 땅 위에서 나부대던 날, D는 하늘로 올랐다. 운전 중에 D의 소식을 들은 나는 갓길에 차를 세우고 소리 내어 울었다. 조금 전 떠난 친구가 하늘에서 혹 길을 잃지 않을까, 돌아보며 손을 흔들지 않을까, 가는 길이 힘들지는 않을까, 눈이 부시게 환한 봄 하늘을 향해 꺽꺽대며 안녕을 고했다. 쨍하고 짜릿한 색을 좋아했던 D가 온통 칠흑인 옷을 둘러 입고 찾아가면 칙칙하다며 핀잔을 줄 텐데, 허무하기 짝이 없는 생각을 하다가, 집으로 가는 익숙한 길을 헤매고 말았다.

장례식장에는 가슴 안쪽을 누르는 무거운 공기가 흐르고 있었지만 애달프거나 서럽거나 지나치게 음울하지 않았다. 친구의 가족들은 생각보다 차분하게 조문객을 맞았다. 이제 막 고등학생이 된 큰아이는 너무나도 어른스럽게 명복을 비는 이들의 위로를 받으며 답례했다. 그 모습이 안쓰러운 건 우리들의 시선일 뿐, 의연하면서도 담담하게 슬픔을 받아들이고 있었다. 마치 친구가 우리에게 보였던 마지막 모습처럼. 똑 닮은 아이의 모습에서 우리는 친구를 만난 듯 반갑게 슬펐다.

"엄마가 그랬어요. 너무 마음 아파하지 말라고요. 사람은 언젠간 죽는 거라고. 엄마가 조금 먼저 가게 됐을 뿐이랬어요. 이다음에 우리 만나면 즐거운 이야기 많이 나눌 수 있도록 열심히 재밌게 살다 오래요. 엄마는 기다리고 있을 거라고요."

아이는 우리를 향해 다정하게 웃어주었다. 얼마 전 친구가 보였던 미소와 똑같아 어쩔 줄 모르게 좋았다. 죽음을 저리도 따뜻하게 말할 수도 있구나, 이 나이 먹도록 그걸 모르고 살았구나, 죽음을 대하는 방법을 아이에게 비로소 배웠다. 친구는 아이들에게 죽음을 알리고 가르치면서 삶을 대하는 태도에 대해 말해줬을 거다. 삶과 죽음은 별개가 아님을, 우리 인생의 연속선상에 있으며 자연스러운 현상임을 받아들일 수 있도록 애썼을 거다. 그 진리를 가슴으로 배운 아이의 얼굴을 보며 먼저 간 친구를 오롯하게 애도했다.

"정 선생, E 선생이 쓰러졌어. 지금 수술 중이라는데…."

다시 출발하는 E 선생을 온 마음으로 축하한 지 1년밖에 지나지 않았다. 중년의 나이에 재혼한 E 선생은 오랜 시간을 혼자 지내다 마음이 잘 맞는 사람을 우연히 만났다. 다시 결혼하고 싶을 만큼 믿음직한 이라서 참 좋다며 세상을 다 가진 행복감에 들떠 있었다. 그 모습이 참 보기 좋아서 덩달아 기뻤다. E 선생은 외롭게 살았던 시간만큼 힘껏 다정하게 살 거라면서 해사하게 웃었다. 그녀의 새출발이 빛나기를 기도하는 마음으로 빌었다.

E 선생이 뇌출혈로 쓰러졌다. 발견이 너무 늦어 경과가 어떻게 될지 모르겠다고 했다. E 선생과 같이 일하고 있는 R 선생은 내게 소식을 전하며 울먹였다. 두 차례의 수술을 가까스로 마친 E 선생은 깨어나긴 했으나 불안정한 상태였다. 찾아가 얼굴을 보고 싶었지만, 가족 외에는 면회할 수 없었다. 그저 호전되기를 빌며 건너서 상태를 물을 뿐이었다. 이틀에 한 번씩 E 선생의 안부를 물었지만, 희망적인 소식은 들려오지 않았다. 의식은 찾았으나 장애를 입게 됐다는 마음 아픈 이야기만 메아리처럼 돌아왔다.

조금씩 잊고 살았다. 아주 가끔 생각이 나서 안부를 물으면, 아무도 알아보지 못한 채 장애 상태로 지낸다는 말이 전부였다. E 선생 옆에서 재혼한 남편이 지극 정성으로 살핀다는 그나마 다행인 소식도 곁들여 들려올 땐 가슴을 쓸어내렸다. 그렇게나마 부부애를 나눌 수 있어서 마음 아프게 따뜻했다. 기적을 바랐다. 우리 모두를 알아보지 못해도 좋으니 재혼한 남편만큼은 알아봤으면 했다. 결혼을 앞두고 아름답게 반짝였던 E 선생의 눈빛이 자꾸만 떠올라 세상의 모든 기적이 그녀에게 찾아가 주기를 바라고 또 바랐다.

 기적은 없었다. E 선생은 자신의 생일 다음 날, 눈을 감았다. 뇌출혈로 쓰러진 지 6년 만이었다. 결국, 남편을 포함한 그 어느 가족들도 제대로 알아보지 못한 채 떠나고 말았다. 마지막 가는 길을 동료로서 배웅하고 싶었지만, 그마저도 쉽지 않았다. 가족장으로 조용하게 치른다는 이야기를 들었기에 가볼 수도 없었다. 마음으로 E 선생 가는 길을 빌었다. 살아서 그토록 외롭고 힘들었으니, 이곳을 떠나 그곳에선 화려하고 아름답게 보내시라, 눈물로 작별했다.

 긴 병에는 아무도 당할 자가 없는 모양이었다. E 선생의 병원비와 치료비, 간병비가 막대하게 들어 남편이 매우 힘들어했다는 말을 들었다. 그런데 그 남편을 더욱 힘들게 한 건 따로 있었단다. 재혼한 지 1년밖에 안 된 상태에서 E 선생이 쓰러져 버리니 시집에서 헤어지라고 종용한 모양이었다. 그 말에 흔들린 남편이 한동안 E 선생을 찾지 않았다는 후일담을 들었다. 죽기 얼마 전 남편이 다시 찾았을 때는 상태가 매우 악화가 된 상태였다고 했다. 유일하게 어렴풋이나마 알아보던 남편마저 알아보지 못했고, 몸의 기능도 거의 바닥으로 치닫고 있었다고 E 선생의 여동생이 전해주었다. E 선생의 여동생과는 오래전 같은 기관에서 일한 적이 있어서 연락할 수 있었다. E 선생은 쓰러진 후, 결혼하기 전보다 훨씬 외로웠을 거라며 여동생은 흐느꼈다.

나는 아직 죽음 준비를 하지 못했다. 핑계는 매일 사는 게 바빠서다. 그렇지만 어느 날 갑자기 하늘에서 내 이름을 부르면 가야 한다. 중년이 되니 몸이 크게 아파질 때마다 죽음을 생각하게 된다. 죽음을 앞둔다면 한 가지 소원은 있다. 살면서 신세 졌던 이들, 정말 고마웠던 이들, 마음을 다해 사랑하고 좋아했던 이들에게 인사는 하고 가고 싶다. 이 세상에 사람으로 와서 긴 시간을 살았으니 떠날 때도 사람답게 마무리하고 싶다. 남아 있는 이들에게 마지막 예의를 차리고 싶다. 내 마음대로 되는 건 아니니 간절하게 바람을 가져볼 거다. 이루어질지도 모른다.

언젠가 특이한 부고 소식을 접한 적이 있다. 죽음을 알리는 일은 당연히 사후에 진행된다. 그런데 한 어르신의 부고장은 살아 있는 상태에서 보내졌다. 살 가망이 없는 치료에 돈을 쓰느니 좋은 이들과 행복한 시간을 가진 뒤 조용히 세상을 떠나고 싶다며 스위스행을 선택하셨단다. 그 말은 즉, 안락사를 원했다는 의미였다. 우리나라에서는 금지되어 있지만, 세계 몇몇 국가에서는 합법적으로 시행하고 있다. 어르신은 스위스로 떠나기 전, 만나고 싶은 이들과 악수하며 삶의 덕담까지 주셨다. 태어나서 처음 보았다. 그렇게 따뜻한 이별은.

좋은 죽음은 뭘까. 잘 죽는 것의 의미를 아직 정확히 내리진 못했다. 하지만 이거 하나만은 분명하게 마음 안에 자리하고 있다. 매일 기운차게 열심히 살아내는 일, 좋은 죽음을 위한 첫 번째 목록인 듯하다.

좋은 죽음으로 가는 두 번째 목록, 하루를 살아도 나답게 사는 일, 중년쯤 되면 그래도 된다.

그 누구의 눈치도 보지 말고 죽어도 후회 없이 나다워지자. 삶이 좋아야 죽음도 좋다.

세상에서 가장 배부른 위로

　사람들은 가끔 부모를 음식으로 추억한다. 엄마가 해주시던 그 무엇, 아버지가 만들어 주셨던 어떤 것이 그리움이 되면 기어이 그 음식을 먹곤 한다. 가슴이 고플 땐 반드시 먹어줘야 한다. 그런데 나는 그런 음식이 없다. 어린 시절, 너무나도 바빴던 엄마였기에 내게 음식을 제대로 해 줄 수 없었다. 엄마를 대신해서 음식을 만들어주셨던 분들 덕에 겨우 먹고살았다. 그대로 살았으면 어쩔 뻔했을까. 시집살이하면서 음식 만드는 걸 시어머니께 배웠다. 다분히 강제성은 있었지만 덕분에 만들 줄 아는 음식이 꽤 있었다(과거형이다). 시어머니께 배워 나름 좋았던 음식 솜씨도 돌아가시면서 손을 놔 버린 탓에 신화 같은 이야기가 됐다. 남편은 종종 시어머니가 해 주셨던 음식이 먹고 싶다며 아련한 눈빛을 보냈다. 그런 날이면 어김없이 다퉜다. 우리 집에서 시어머니 음식은 금기어다.
　무얼 만들어 먹기 귀찮은 나이가 돼 버렸다. 그러면 퇴직한 남편이 하시면 되겠다고 남들은 말한다. 딸 많은 집 막내면서 외아들인 우리 남편은, 시어머니에게는 당신 목숨보다 귀하디귀한 아들이었다. 그때시 부엌 근처에 얼씬도 안 하고 살았다. 남편이 무얼 만들어 먹는다는 건 상상도 할 수 없다. 한 사람은 이제 하기 싫고, 한 사람은 평생 안 하고 살았고, 앞으로 굶어야 할 것 '같… 지만,' 걱정하지 마시라. 우리나라는 참 좋은 나라다. 세계적인 IT 강국답게 손가락 하나로 무엇이든 된다. 덕분에 우리 부부는 굶지는 않고 살아가고 있다.

그래도 가끔, 아주 가끔은 무엇인가를 해 먹기는 하지만 시어머니가 살아 계셨을 때 했던 음식 솜씨는 아니다. 레시피를 잊은 지 오래고 안 하다 보니 손맛도 제대로 나질 않는다. 남편에게 말은 안 했지만 실은 나도 시어머니가 해 주셨던 그리고 가르쳐 주셨던 음식이 그립다. 배우면서 혼날 때도 있었지만 어느 시점에 이르니 시어머니만큼 나도 음식을 잘했었다(남편도 인정했던 부분이다). 음식을 도통하지 않아 잊어버린 레시피를 물어보고 싶은데 시어머니가 안 계신다. 음식 만들기를 가르치실 때 내 등 뒤에서 "그것부터 넣는 거 아니다"라고 따끔하게 말씀하셨던 시어머니가 겨울이 되면 유난히 생각이 난다. 시어머니의 이북 만두는 일품이었다. 만드는 과정은 참으로 손이 많이 갔지만 그만큼 맛은 좋았다. 시어머니는 만두피를 얇게 만드는 법과 소를 만들어 넣는 방법까지 어린 며느리에게 하나하나 가르쳐 주셨다.

그 시절 부엌에서 허둥댔던 며느리는, 한겨울 만두만 보면 시어머니를 떠올리는 중년이 돼버렸다. 옛 음식이 그리운 건 나이 든 탓일 테지. 시어머니가 보고 싶어지는 것도.

일본에 있을 때 놀러 왔던 인간 내비게이션 친구 영욱이는, 내가 완전히 귀국한 때를 맞춰 공약을 지켰다. 일본에서 단둘이 밤거리를 걸으며 흥에 겨워하던 중 영욱이는 내게, 이때쯤 되면 한국 음식이 먹고 싶어지지 않냐며 넌지시 물었다. 내 친구는 길만 잘 찾는 줄 알았는데 사람 마음도 잘 헤아린다. 기다렸다는 듯 난 갈비찜과 김치찌개가 먹고 싶다며 퀴즈 정답 외치듯 소리쳤다. 그러고는 곧 다른 이야기로 넘어가 버렸는데, 일본을 떠나는 날 아침 영욱이는 네가 돌아오는 날 그렇게 먹고 싶어 하는 갈비찜과 김치찌개를 해 주겠다고 했다. 정치인 공약 외치듯 주먹을 불끈 쥐고 흔들어 보이며 한국행 비행기를 탔다. 몇 달 뒤 정말로 약속을 이행했다.

"엄마의 마음으로 만들었다. 주영아. 이국땅에서 얼마나 속이 허했겠냐. 고생했다. 마음껏 먹어라."

내 친구는 정말이지 마음만큼 손맛이 끝내줬다. 갈색 윤기가 좔좔 흐르는 갈비찜은 먹기 전부터 배가 불렀고 김치찌개는 자글자글 소리부터 이미 맛있었다. 친구의 정성은 하늘마저 감동할 만큼 따뜻했다. 앞으로 일주일을 굶는다고 해도 배고프지 않을 만큼 포만감을 느꼈다.

영욱이의 노동으로 나는 거룩한 한 끼를 선물 받았다. 먹고, 마시고, 치우는 일상의 노동 덕에 우리는 생을 이어간다. 누군가의 희생으로 삶은 이어지고 영혼은 살찐다. 그러나 너무나 사소해서 받은 이는 잊어버리고야 만다. 음식을 만들어 먹고 먹이는 행위, 가히 사랑의 본질이라 할 수 있겠다. 친구의 성스러운 노동 덕분에 나의 하루가 치유됐다. 살아갈 힘이 뱃속부터 우러나왔다.

일본 생활을 시작하고 얼마가 지나니 우리 음식이, 자꾸만 생각났다. 물론 마트에 어느 정도 팔기는 했다. 대학교 근처 마트라 유학생이 많은 관계로 김치와 나물, 김 정도는 팔았다(물론 중국인들을 위한 음식도 있었다). 그렇지만 잘 알지 않은가. 그 정도로는 성에 차질 않는다는 걸. 초밥과 회를 먹는 것도 어느 정도지 도저히 이래선 안 되겠다 싶었다.

불타는 식욕은 걷잡을 수 없이 끌어 올라왔다. 매콤, 칼칼, 짭조름, 우리 언어로만 표현되는 그런 맛을 보고 싶었다. 찾아 나섰다. 오사카의 코리아타운 '쯔루하시(鶴橋)'를 발견했다. 어떤 이는 쯔루하시를 한국인 없는 코리아타운이라 했다. 그도 그럴 것이 관광객으로 여행을 오는데 누가 코리아타운 가서 한국 음식을 먹겠는가. 그렇지만 일본에서 생활인으로 있다 보니, 마늘 향 가득한 김치와 찌개가 자꾸만 생각나서 자석에 붙듯 그곳으로 갔다.

내가 아는 맛, 그래서 더 당기는 맛, 기대를 잔뜩 안고, 전철을 갈아 타가며 1시간을 달려간 곳. 쯔루하시 역에서 내리자마자 코끝이 찡했다. 어둡고 눅눅한 가난의 냄새가 나를 맞았다.

아주 어릴 적 엄마를 따라갔던 오래된 재래시장이 거기에 있었다. 시장 입구부터 혼재된 한국어와 일본어, 그립던 김치의 마늘 냄새가 반가움보다 서러움으로 내게 인사했다. 발음이 쫀쫀하게 구르지 못하는 한국어와 억양 밋밋한 일본어를 구사하는 재일한국인 상인들의 얼굴에 묻은, 낯선 땅 하루살이 고단함이 그대로 내 얼굴에 닿았다.

내 나라에 살지 않는, 혹은 돌아가지 못하는 이유는 집집의 숟가락 수만큼 헤아릴 수 없겠지만, 물 섧고 푸접 없는 이곳, 일본에 와서 한국인으로 사는 일, 말하지 않아도, 가슴 귀가 먼저 듣고, 눈으로 그들의 어깨를 쓰다듬었다. 쯔루하시 시장통을 걷다 우연히 들어간 어느 밥집에서 나는 평소보다 더 힘껏 밥을 먹었다. 밥 한 숟가락에, 여러분 힘내세요, 김치 한 젓가락에, 우리, 우리가 있습니다. 속말을 하며 된장찌개에 밥을 말아 삼켰다.

"밥 안 먹으면 학교 못 간다. 공부하는 힘은 배에서 나오는 거야. 그러니 어서 먹어!"

조금만 더 자겠다고 떼 부리다 맞기 일보 직전에 졸린 눈으로 겨우 밥상머리에 앉아선 툴툴대는 내게 엄마는 늘 야단을 쳤다. 워낙 평소에도 엄격한 엄마였지만 유난히 밥을 먹지 않는 일에 대해선 특별히 강압적이었다. 천지개벽이 일어나도 밥은 다 같이 먹어야 하는 가족 규칙이 어렸을 때부터 있었다. 아버지도 예외는 아니어서 식사를 함께 아니할 시엔 폭풍 잔소리를 들어야만 했다. 나와 아버지는 엄마의 밥 앞에서 아무런 저항을 하지 못했다. 그때 결심했다. 어른이 되면, 절대로 아침을 먹지 않겠노라고!

그런데 나의 생활 루틴 중 철저히 지키는 것 중 하나가 '아침 식사' 하기다. 어릴 적 버릇 여든까지 간댔다. 맞다. 무섭게 몰아친 엄마 덕분(?)에 나는, 아침 식사를 꼭 하는 어른이 됐다. 그것도 식사 대용품이 아닌 밥을 반찬과 함께 먹는다. 결혼해서도 그 루틴은 어김없었고 중년이 된 지금도 밥을 먹는 아침 식사는 이어지고 있다. 살면서 경험으로 알게 됐다. 속이 든든해야 머리도 돌아가고 삶의 에너지를 낼 수 있다는 걸 말이다. 건강의 조건은 끼니를 거르지 않는 것이다. 엄마는 그 습관을 내게 유산처럼 남겨주었다.

중년의 여자들이 모이면 하는 말이 있다. '세상에서 제일 맛있는 밥상은 남이 차려주는 밥상'이라고. 깔깔대며 철저한 남(식당의 셰프라든지)이 차려준 음식을 맛나게 먹는다. 우리는 값과 상관없이 남이 차려주면 다 좋다. 누군가를 위해 음식을 만드는 일, 먹는 일이 중년 여자들에겐 끼니 노동이었다. 몇십 년 동안 상을 차려온 중년들은 어쩌다 한번은 남에게 대접받는 식사로 마음을 덥히고 속을 채웠으면 좋겠다. 위로는 사소해도 좋다. 진심 어린 애정의 표현이면 된다. 그로 인해 중년의 마음과 몸은 따뜻하게 낫는다.

우리 남편은 언제쯤 날 위해 국을 끓여 줄 수 있을까? 다시 태어나길 바라야 하나?

에필로그
노년이라는 다음 역에서 당신을 기다리겠다

대학원 종강 수업 때 학생들과 특별한 워크샵을 했었습니다. '유서 쓰기' 시간을 가졌지요. 대학원생들은 각자의 삶을 조용히 반추하며 유서를 써 내려갔습니다. 그리고 읽을 수 있는 부분까지만 낭독해 보자고 했지요. 차례대로 읽어가면서 다들 흐느끼기 시작했습니다. 죽음 앞에서 가슴 저 안쪽이 울려온 것이겠지요. 우리는 서로를 진심으로 알게 됐습니다. 전보다 더 끈끈해졌어요. 겉으로 보이는 모습만 보고 지내다 진짜 모습 한 편을 보게 된 거죠.

당신은 유서를 써 본 경험이 있나요? 조용한 어느 시간에 유서를 한번 써 보시길 권합니다. 지나온 삶을 돌아보면 현재를 자각하게 되고 미래가 보이는 걸 알게 됩니다. 더불어 자신이 어떤 관계 속에 살고 있는지도요.

중년까지 살아오면서 속해 있는 모임들을 훑어보면 죄다 익숙한 관계들입니다. 새롭거나 처음 만나는 이들은 점점 줄어듭니다. 나이 들수록 안전하고 편한 경계 안에 안주하려고 하기 때문이지요. 그동안 목적과 필요 때문에 사람들을 만나온 중년들일수록 낯설고 부담스러운 새로운 관계에 거부감을 느낄 수 있습니다. 그럴수록 관계의 업그레이드가 필요합니다. 자신에게 생기를 불어넣어 줄 수 있으며 삶을 풍요롭게 확산시켜 줄 수 있는 모임이나 단체에 가입해 봅시다. 곧 닥칠 노년, 고독이 기본값입니다. 새로운 커뮤니티가 어쩌면 돈만큼 노후를 단단하게 만들어 줄 것입니다. 돌아보면 손가락 사이로 빠져나가는 모래 같은 시간을 살아오지 않았나요. 우리에게 앞으로 주어질 시간 역시 쥐어볼 틈조차 없이 사라질 겁니다. 애쓰며 살아왔던 우리, 이대로 늙기엔 너무하지 않은가요.

무언가를 도전하기에 중년은 절대 늦지 않으며 새로움을 찾아 나서기에도 우리 중년은 충분하게 젊습니다. 사람마다 차이는 있겠지만 멈추어서 시간만 까먹기엔 우리에게 아직 기회는 많습니다. 고인 물은 썩기 마련입니다. 바람이 불어 일렁일 수는 있어도 결코 깨끗한 물은 될 수 없지요. 노년까지 부패하지 않고 살아있기 위해선 조금씩 낡아가는 우리의 몸과 마음을 비우고 또 채워주자고요. 새로운 배움과 도전은 중년 이후 삶의 마중물이 될 것입니다. 우리 중년들에게 노년은 다음 정차역입니다. 이번 역에서 마음껏 구경하고 신나게 떠들어 봐요. 다음 역에서 만나게 될 멋진 풍경을 기대하면서요.

노년이라는 다음 역에서 당신을 기다리겠습니다. 건강하게 우리 다시 만나길.